Onder de rook van de Heineken

Harold Hamersma

Onder de rook van de Heineken

Een jeugd in De Pijp

Ambo|Anthos
Amsterdam

Een fragment uit het eerste hoofdstuk van dit boek is eerder verschenen als 'Een schittterend leven' in de bundel *Wat ik van mijn moeder leerde*, samengesteld door Manon Duintjer. Amsterdam: Ambo|Anthos, 2019.

Enkele namen en karaktereigenschappen van de betrokkenen zijn veranderd om hun identiteit te beschermen.

MIX
Papier van verantwoorde herkomst
FSC® C004472

ISBN 978 90 263 4988 1

Omslagontwerp Roald Triebels, Amsterdam
Omslagillustratie Gerard Douplein 1-3, met op de achtergrond de Eerste Van der Helststraat, 3 mei 1960 © J.M. Arsath Ro'is / Stadsarchief Amsterdam (010122031511)
Foto's binnenwerk uit privéarchief, tenzij anders vermeld
Foto auteur © Mark Uyl

Verspreiding voor België:
Veen Bosch & Keuning uitgevers nv, Antwerpen

Voor mijn zoon Bob en mijn dochter Julia

Inhoud

De familie Hamersma (vaderskant)

Auke Hamersma sr. x Aaltje	Klaas Hamersma Ab Hamersma Auke Hamersma jr. x Janny Dool Jean Hamersma	 Harold Hamersma Jeroen Hamersma Elise Hamersma
Auke Hamersma sr. x Riek	*Riek* (dochter uit eerdere relatie Riek) Joop Hamersma	

De familie Dool-Mok (moederskant)

Sjaak Dool x Mina Mok	Beppie Dool Janny Dool x Auke Hamersma Sjaak jr. en Jan Dool (tweeling)	
Sjaak Dool x Fien Takes	*Joke Takes* *Carla Takes* *Robbie Takes* (kinderen uit eerdere relaties Fien) Evelien en Nico Dool (tweeling) Marijke Dool Ingrid Dool	

1

Jacob van Campen 52[1]

In de gang van het huis waar later Carice van Houten zou gaan wonen was mijn moeder in de vroege ochtend van 9 augustus 1956 op haar knieën de vloer aan het dweilen. Telkens als zij meende dat ze het gemarmerde oranje linoleum nu wel droog had gemopt, moest ze weer opnieuw beginnen. Onrustig geslapen. Draaien. Kramp. Buikkramp. Vooral buikkramp.

Janny, tweeëntwintig jaar en zwanger. Dat haar zwangerschap gepaard ging met andere verschijnselen, anders dan dik worden, was haar onbekend. De enige vorm van seksuele voorlichting die zij ooit van haar moeder had gehad, was nauwelijks onderdrukt gehijg, het grommende gelach van haar vele veroveringen en de ranzige geur die de hoek om kwam van het behangdunne wandje waarachter zij met haar oudere zusje Beppie sliep en die haar neus binnendrong. Plaats van handeling: een halve maar geheel uitgewoonde woning in de Eerste Jan Steenstraat, in de Amsterdamse Pijp. Ook begreep Janny al op jonge leeftijd waartoe de slang in de wc met aan het uiteinde een oranje flacon diende: als je daar zeepsop in deed zouden er geen baby'tjes komen. Dat dit geen bewezen methode was bleek toen er later een jongenstweeling werd geboren, haar broertjes Sjaak en Jan.

Hun vader – en ook de hare – ging in 1942 voorgoed het huis uit. Mijn moeder was negen. Vrijwel direct daarna kwam er een stroom van mannen op gang. In de tijd dat haar vader nog met haar moeder getrouwd was en soms weken van huis was, druppelde het al, maar toen hij eenmaal echt zijn hielen had gelicht gingen alle sluizen open. 'Ome Jan' mocht Janny die nieuwe mannen in het leven van haar moeder noemen. Of 'ome Piet' (twee keer). Ome Nico. Ome Teun. Ome Bart. Ome Massie. Ome, ome, ome. Het waren allemaal omes. En niet bepaald hoge. Eentje was een havenarbeider die haar moeder had opgepikt in een café op de Albert Cuypmarkt. Er was een slagersknecht die twee vingers miste aan zijn linkerhand maar met zijn overige acht heel vaardig bleek. De aardappelboer die toch al aan huis kwam om zijn bintjes te brengen. En ach, wanneer hij in de buurt was kon-ie meteen wel wat anders kwijt.

Soms bleven ze een paar uur. Een nacht. Een paar weken. Niet zelden richtten de omes hun ogen op de dochters des huizes. En het bleef niet alleen bij de ogen, al was mijn moeder aan het einde van de oorlog nog maar twaalf. De buurt begon er schande over te spreken. Niet zozeer omdat haar moeder er wel pap van lustte, als wel omdat ze niet in staat bleek om voor een fatsoenlijk ontbijt voor haar kinderen te zorgen. Die werden verwaarloosd. Mijn moeders twee jaar oudere zusje redde zich nog wel, maar zelf werd Janny gemeden op school, omdat ze stonk. Bedplasser was ze. Zich ’s ochtends wassen was er niet bij. De kleren waarin ze had geslapen droogde ze door voor de kachel te gaan staan.

En natuurlijk was er de oorlog. Ook dat nog. Mijn moeders tante Branca was met haar zes kinderen naar Auschwitz gestuurd. Nooit meer teruggekomen. Hongerwinter. Hond in de pot. Haar hond. Het huis vervuilde. Maden kropen door de nooit verschoonde kinderbedden. Inmiddels was ze handig geworden in het met haar duim dooddrukken van het wriemelende wit. Uiteindelijk werd haar moeder uit de ouderlijke macht gezet. De meisjes waren inmiddels oud genoeg, zo vond Jeugdzorg, om voor zichzelf te zorgen. Sjaak en Jan werden uit huis geplaatst en kwamen terecht bij een kinderrechter in Haarlem. Die heel liefdevol was, vooral onder de dekens van de twee knaapjes.

Het promiscue gedrag van haar moeder had op Janny een averechts effect. Seks was niet iets wat haar opwond, maar wat ze onderging, wat erbij hoorde. En nu was ze zwanger, en nog wel van een man die van haar hield. Mijn vader. Ze had geen betere man kunnen treffen. Lang, krachtige kop, filmsterrenlook en sterk. Op latere leeftijd zag hij er nog steeds goed uit. Fotografen hielden hem zelfs op zijn vijfentachtigste nog staande om hem te portretteren. Denk aan een kruising tussen Roodbaard de Piraat en Kapitein Iglo en u hebt een idee van hem. Het zal dan ook niemand verbazen dat zijn grootste hobby vissen was. En dat hij beroepsmarinier is geweest. Ahoi. Veel belangrijker echter: hij was onvoorwaardelijk trouw aan mijn moeder. En hij heeft tot aan zijn dood, op zijn zesentachtigste, van haar gehouden.

Andersom was dat ook wel zo'n beetje het geval. Tenminste, zo meent zij het gevoel dat ze sinds hun trouwen in 1954 voor hem had te omschrijven. 'Hield je wel van papa, mama?' vroeg ik haar toen hij was overleden. 'Ja hoor.' Misschien werd haar 'houden van' mede gevoed doordat hij goed kon koken. Hoewel ik me altijd heb afgevraagd of ze wel van eten hield. Misschien was het meer genegenheid die ze koesterde, omdat er eindelijk iemand was die voor haar zorgde.

Koken was niet haar forte. Als de liefde van de man door de maag gaat, heeft mijn moeder in de eerste jaren van hun huwelijk er alles aan gedaan om een echtscheiding te bewerkstelligen. Zij liet water nog aanbranden.

Ooit vroeg mijn vrouw mij welke herinneringen ik had aan wat wij vroeger thuis aten. Dat is te zeggen, voordat mijn vader – nadat hij was afgekeurd als marinier – zich van zijn baantje als messenslijper, gasfitter en later verwarmingsbuizenmaker naar huis spoedde om voor zijn drie kinderen te koken. Voordat hij achter de pannen kroop was het hoogtepunt voor ons de zaterdagse broodmaaltijd die mijn moeder verzorgde. Daar kon niet veel mee misgaan. Na een week van gastronomische verschrikkingen van haar hand keken we er reikhalzend naar uit. Witbrood. Twee soorten. Gesneden. Rotterdammer en casino. Verse vleeswaren kwamen van Loekie in de Ferdinand Bolstraat. Had mijn vader net zijn salaris gehad dan stond er achterham op tafel. Naarmate de maand vorderde werd de kwaliteit van de 'fijne vleeswaren' minder fijn.

Mijn vader begon met soep maken. Kippensoep. Altijd kippensoep. Nog ruik ik de lucht die door de lange gang kwam aanzweven. Het hongergevoel versterkend, opgebouwd door een hele middag voetballen in de speeltuin op het Kleine-Gartmanplantsoen, waar ome Arie de beheerder was. Weer een ome. Maar deze kon zijn handen thuishouden.

Ervaringen met andere mannen dan mijn vader heeft mijn moeder niet gehad. Of het moet die avond in 1951 zijn geweest, voordat ze hem leerde kennen. Toen ontmoette ze Harry Mulisch. Ze was achttien. Slechte smaak wat vrouwen betreft kunnen we de auteur niet verwijten. Mijn moeder was – en is nog steeds – een mooie vrouw. Ze dansten op het Leidseplein. Hij bracht haar achter op zijn fiets naar huis. Hoe zou zij hem vastgehouden hebben? Waar hebben ze het over gehad tijdens dat korte tochtje?

'Wat doe je voor de kost?'

'Wil je later kinderen?'

Ik heb er weleens over gefilosofeerd hoe het met mij zou zijn gegaan als ik Mulisch' zoon zou zijn geweest. In ieder geval had het dan meer voor de hand gelegen dat ik schrijver was geworden, maar dan was er sprake geweest van het Jordi Cruijff-effect: een zoon die best goed in zijn vak is, maar lang niet zo goed als zijn vader. Bovendien was ik dan niet opgegroeid in De Pijp, maar had ik pijp gerookt.

De Pijp was de buurt waar ook de rest van mijn moeders familie woonde. En die van mijn vader. Ik ben er geboren. Na dertig jaar in Duur-Zuid te hebben gewoond, het reservaat achter het Concertgebouw, ben ik er nu weer terug. Op de Ruysdaelkade. Nee, niet op het stuk dat vroeger bekendstond als 'Het Fluwelen Eindje', waar de meisjes van plezier huisden.

Dagelijks loop en fiets ik weer door de buurt – mijn buurt – op weg naar de Gerard Doustraat, vlak bij de Van Wou, waar mijn vrouw een kookboekwinkel heeft die tevens dienstdoet als mijn werkplek. Daar proef ik mijn jaarlijkse quotum van achtduizend wijnen om erover te kunnen schrijven.

Ik ruik er de roti als ik langs Warung Spang Makandra kom, het Surinaamse eethuis aan het begin van de straat. Er schuiven laatjes van mijn geurgeheugen open en ik bevind me weer in het trappenhuis van mijn geboortehuis, waar ik tot mijn dertiende heb gewoond. Boven ons kwamen op een zeker moment een Surinaamse moeder en haar dochter wonen. Dochter Nettie was vijfenzestig en haar moeder zesentachtig. Ondanks hun leeftijd kookten ze het liefst hun eigen potje. Alle benodigde ingrediënten waren in de buurt te koop. Toen al kende De Pijp zijn toko's. Bovendien fungeerde mijn vader als leverancier. Als fanatiek sportvisser was hij bijna iedere zaterdag in Vinkeveen te vinden en na de komst van 'tante Nettie' en 'Moesje' was de vangst terugzetten er niet meer bij. Snoeken en snoekbaarzen verdwenen in de pan. Ik zie nog hoe die forse karper in die veel te kleine zinken badkuip midden in hun keuken zwom, zodat hij zijn darmen kon ledigen en later niet gronderig zou smaken.

In ruil voor de vis kregen wij regelmatig pannetjes aangereikt. Zo aten wij roti in zijn vele gedaantes. Met kip. Met vis. We aten B.B.R., Bruine Bonen met Rijst. Aan de rode madame-jeanettepepers die Moesje bij wijze van snack at, uit de struik die mijn moeder voor haar had meegenomen van de Cuyp, waagden wij ons niet. Maar verder aten we en zongen we met ze mee, vooral als hun familie er was. Max Woiski liet zijn 'B.B. met R.' door het trappenhuis klinken. Zo ook zijn verzoek 'O Nederland, geef mij rijst met kousenband'. Ik hoor hem weer. En ik ruik ook mijn jeugdherinneringen.

Nooit neem ik dezelfde weg naar mijn werkadres. De ene keer ga ik door de Frans Halsstraat en kom ik langs de plek waar bakker Paradijs zat, de vader van de voormalige hoofdredacteur van *De Telegraaf*. Daar gloeit nog steeds een oven, maar nu die van een pizzeria. Het melkboertje is Japans geworden. Soms neem ik de route door 'mijn oude straat' waar vroeger buurtcafé 't Hoekje zijn gasten ontving. Dat waren onder anderen mijn vader en ik. Hij leerde mij er als jochie biljarten. Inmiddels hebben de groene lakens plaatsgemaakt voor witte servetten. Café Caron is er gevestigd.

Ik voel me thuis in De Pijp. En onze werkplek in de Gerard Dou draagt eraan bij. Misschien komt dat doordat het DNA van mijn vader er nog tussen de plinten zit. Niet dat ik er ooit naar gezocht heb, maar het kan niet anders. Toen hij nog een kleine jongen was, zat op dit adres zijn kapper. Of zoals hij hem noemde: 'm'n kappert'.

De winkeldeur gaat open. Mijn moeder komt binnen. Dat doet ze twee keer per week. Ze woont vlakbij. Ze komt een kop koffie drinken. En wat te eten halen voor 's avonds, want koken kan ze nog steeds niet. Ze heeft net kilometers door de stad gefietst. Of anders toch wel een lange wandeling gemaakt, langs de Amstel of door de buurt. 'Schitterend.' Fietsen en lopen. Lopen en fietsen. 'Ja, weet je wat het is? Ik word nooit moe.' Iedere keer zegt ze het weer. 'Of had ik dat al gezegd?'

Aan beide handen heeft ze een tremor. Ze ziet er wel het voordeel van in: 'Zo houd ik altijd lekker schuim op mijn biertje.' Terwijl ze helemaal geen bier drinkt. Alles – maar dan ook echt alles – bekijkt ze van de positieve kant. Alles wat na haar jeugd kwam was beter. Veel beter. Ongelooflijk veel beter. Of zoals zij zegt: 'Schitterend.' Alles vindt ze schitterend. Een stopwoordje dat ze tot haar levensmotto heeft verheven.

Ik kijk naar haar. Daar zit ze dan, omgeven door het DNA van mijn vader. Maar ook zij had wat beschikbaar voor mij. Zij wees mij erop dat slecht weer eigenlijk mooi weer is. Dat mooi weer vervolgens schitterend is. En omdat een mens nooit te oud is om te leren laste ze onlangs nog een leermoment in. Ze biechtte op dat ze laatst een nachtmerrie had gehad. Om deze bekentenis in één adem weer te ontkrachten: 'Bijna dan. Ik droomde dat ik heel even niet blij was. Schitterend hè?'

Is ze gek? Ik vraag het me weleens af. Waarom huilde ze niet toen haar man doodging? U begrijpt het: zij vond de begrafenis ook schitterend. Apart was die zeker. Omdat mijn vader zo'n jaar of dertig Sinterklaas heeft gespeeld werd zijn kist onder de klanken van 'Dag Sinterklaasje' de aula van Zorgvlied uit gedragen. Het was haar idee.

'We hebben het zo goed gehad samen, maar die man was op, hè, en ik had me voorgenomen om niet te gaan huilen,' luidde haar antwoord toen ik het vroeg. Het bracht een herinnering in me boven. 'Nooit gaan zitten pruilen, Haroldje Dwarreltje,' fluisterde ze mij vroeger in vanaf de rand van mijn bed, als ik meende dat daar reden toe was. Zij liet mij zien dat een glas nooit halfleeg is maar ook nooit halfvol. 'Kijk, je gooit de inhoud gewoon in een kleiner glas. Dan is dat weer helemaal vol.'

Inmiddels is het zachtjes gaan regenen.

'Nou, ik ga maar weer eens een eindje fietsen,' zegt ze, terwijl ze naar buiten kijkt. 'Het is schitterend weer.'

2

De Pijp in

Met mijn moeder heb ik afgesproken op neutraal terrein, bij de huisartsenpost in de Maasstraat, tussen haar huis bij het De Mirandabad en De Pijp in. De laatste tijd is ze wat vergeetachtig, vindt ze zelf. Ik kan het beamen. Met kerst heeft ze een halfuur bij ons in de straat op nummer 165 staan aanbellen.

'Maar het hele huis was donker en jullie deden niet open.'

We wonen al meer dan dertig jaar op 169.

Vervolgens liep ze naar de kookboekwinkel in de Gerard Doustraat om te kijken of we daar de kerstdis hadden opgetuigd.

'Maar daar waren jullie ook niet.'

Drie uur later dan gepland gingen we aan tafel. Ze was maar weer terug naar huis gewandeld. Een mobiele telefoon heeft ze niet, want ze weet niet hoe die werkt. Na het overlijden van mijn vader hebben we zelfs weer een ouderwets telefoontoestel met draaischijf geïnstalleerd. We vonden nog een appelgroene in hun berging. Eentje met druktoetsen ging al te ver.

Die avond reageerde de aanwezige visite wat ontdaan op de laconieke reactie van mijn broer en mij op de vermeende vermissing. 'Als ze om tien uur vanavond thuis nog de telefoon niet opneemt, gaan we de ziekenhuizen maar eens bellen.' We kennen onze pappenheimers. Onze moeder is als een postduif. Ze keert altijd terug op het vertrouwde nest. Al gaat dat soms met omwegen. Na de zestiende keer bellen was het raak.

Onze zoon haalde haar met de auto op en stuurde alvast een selfie van hen beiden in haar appartement terwijl ze verbaasd en licht verwilderd in de camera blikte: '*Ladies and gentlemen, we got her!*'

Vandaag is ze niet vergeten dat ze een afspraak bij de huisarts heeft. Ze is komen lopen. Een lang oranje vest en Adidas-gympen waar ze veertig jaar geleden nog op jogde in het Amsterdamse Bos kondigen haar komst aan. Voor dergelijke schoenen wordt in vintagewinkels inmiddels een klein vermogen betaald.

De jonge arts meet haar bloeddruk (uitstekend) en stelt geroutineerd wat vragen. Aan die vergeetachtigheid is niet veel te doen.

Vanaf een jaar of zestig – hij kijkt nu ook mij aan – ga je bij hersenonderzoek altijd wel wat vinden, zo diagnosticeert hij.

'En dan gaat u zich alleen maar ongerust maken, want er valt toch niets aan te doen. Maar hoe voelt u zich verder?'

'Uitstekend, dokter. Ik houd van lopen en fietsen. Elke dag. En weet u wat het is, dokter: (ik ken het antwoord al: 'ik word nooit moe') 'ik word nooit moe.'

Ze heeft haar zwarte tas met de opdruk GEMEENTE AMSTERDAM die ze overal mee naartoe sleept op schoot en kijkt tevreden wanneer ze hem vertelt dat ze gisteren nog naar Uithoorn is gefietst.

'Op een elektrische fiets?'

Verbaasd kijkt zij hem aan. Ze heeft er geen idee van dat die dingen bestaan.

Ze doet haar tas open. Niet om een foto van haar voor het gemeentehuis van Uithoorn als bewijs van de inspanning eruit op te diepen maar om een pepermuntje te pakken.

'Hoe vond u Uithoorn?'

'Niks aan. Daarom ben ik meteen maar weer teruggefietst.'

We gaan wat eten – in ieder geval een poging daartoe doen – in de kookboekwinkel en lopen naar De Pijp. Ze vond het een aardige dokter. Een schat. In de Eerste Van der Helststraat staan we even stil bij het pand waar haar tante Emmie heeft gewoond, de zuster van haar moeder. Op de begane grond zit nu Cottoncake, een conceptstore. Het is niet de enige in De Pijp. Kledingrekken met weinig aan de hangertjes. Een parfumlijn. Een vitrinekast met één muts. Vetplanten in glazen potjes. Een wit gesausde bakstenen muur. Een appende verkoopster. Tante Emmie kan ik mij nog herinneren. Een verzorgde vrouw. Keurig gekapt. Gelakte nagels. Al haar hele leven met ome Arie, een tandtechnieker. Ik vraag me af wat zij van haar zuster had gevonden, die in alles het tegenovergestelde was.

Richting de Gerard Dou steken we door over de Albert

Cuyp. Mijn moeder blijft staan bij een kraam met schoenen. Ze heeft een schoenentic. Misschien heeft ze die overgehouden aan al die jaren dat ze als jonge vrouw in schoenenwinkels werkte. Of misschien was het wel de reden om er te gaan werken. Bij De Lange op het Koningsplein, bij Borsjé op de Haarlemmerdijk, bij Bakker op de Middenweg. Op de markt kan ze geen kraam met schoenen voorbijlopen. Waar anderen het Pieterpad lopen, loopt zij naar de Ten Katemarkt, de Dappermarkt en de Albert Cuyp. En ze koopt, en ze koopt en ze koopt. Alle schoenenverkopers kennen haar. Ze schuiven dozen wat beter in het zicht, wijzen haar op fraaie exemplaren, maar haar hoef je niets aan te prijzen. Ze weet of de pumps, instappers of laarzen goed zijn gemaakt. Hoewel ze zich laatst had vergist. Toen ze thuiskwam met een paar laarzen, bleek ze twee linker exemplaren te hebben meegekregen van de marktkoopman op de Ten Kate. Ze was meteen weer teruggelopen. Rijk zullen ze niet van haar worden. Meer dan vijf euro per paar geeft ze nooit uit en ze glundert als ze haar trofeeën laat zien. 'Moet je nou kijken hoe mooi gemaakt.' Thuis heeft ze kasten vol. In de gang en in haar slaapkamer staan ze in rijen langs de plint. Als ze op ieder paar een dag ging lopen, zou ze jaren onderweg zijn. De Imelda Marcos van de Rivierenbuurt.

Mijn moeder lijkt zelfstandig. Maar ze is het niet. Lopen en fietsen zijn een noodzaak. Ze doet het omdat ze geen idee heeft hoe ze moet in- en uitchecken in het openbaar vervoer. Toen ze, na bijna dertig jaar in Almere te hebben gewoond, naar het appartement bij het De Mirandabad verhuisde, liet ze mijn vader de deur openmaken. Dat ging met een elektronische badge. Ze wist niet hoe die werkte. Bovendien vond ze 'm eng. Na zijn dood pas heeft ze haar angst overwonnen. Noodgedwongen, maar zonder therapie. Ik heb het haar een keer laten zien. Het videosysteem met een knopje om te kijken wie er voor de deur staat en het knopje om deze van afstand te openen, wordt niet gebruikt. Als er iemand aanbelt, loopt ze naar de ingang van het complex en gaat in de sensor staan. Deur open. 'Zo kan het toch ook?' Nadat we een nieuwe televisie voor haar hadden gekocht, heeft deze maanden op BRT1 afgestemd gestaan. De afstandsbediening durfde ze niet te gebruiken. Al die knopjes. Uiteindelijk heb ik ze allemaal afgeplakt, op drie na: aan-uit, volume, en zender voor- en achteruit.

Haar onkunde doet ze af met 'ik was altijd een meeloper'. In haar jeugd liep ze mee met haar oudere zusje. In haar huwelijk met mijn vader. En in haar leven met de overtuiging dat het aan het eind allemaal goed komt. 'En als dat niet zo is, dan is dat nog niet het einde', zo is haar overtuiging. Zo was het immers altijd gegaan. En het lijkt wel of het zo is.

Onlangs heeft ze een week geen warm water gehad. De ketel moest bijgevuld worden. Ze wacht totdat zoiets vanzelf gebeurt. Haar overbuurvrouw van tweeënnegentig belde uiteindelijk de beheerder.

'Die vrouw ziet mij als haar dochter,' jubelde ze.

Ik zei haar dat er in dat geval sprake was van een wonder. Zelf is ze zesentachtig.

Tegenover ons oude huis houden we even stil bij een Ethiopisch restaurant. Niet omdat ze daar de menukaart wil bestuderen (een Hollandse gehaktbal eet ze al met lange tanden), maar omdat ze het herkent als het benedenhuis waar vroeger mijn vriendje Bennie Baltus woonde. Bennie had mooi speelgoed. Ik was op mijn zesde eens vergeten te vertellen dat ik naar hem toe ging en vergat er de tijd. Het staat mij nog helder voor de geest, vooral omdat ik aan mijn oor door mijn tante Beppie uit dit huis werd gesleept om op de stoep op mijn andere oor een klap te krijgen. Ik huilde. Van de pijn, de schrik en de woede die ik in mijn tantes anders zo lieve ogen zag. Ze had overal in de straat aangebeld. Mijn moeder huilde. Omdat ik huilde. Maar veel meer nog omdat ze niet had geweten wat ze had moeten doen als je kind weg is.

'Weet je toen nog, met tante Beppie?'

Dat weet ze niet meer.

Behalve meelopen – met haar zusje, met haar man, met het leven zoals het haar voor de voeten kwam – liep ze als kind ook weg. Weg van haar moeder. Weg van al die omes die met haar moeder het bed deelden. Weg van het huis dat geen thuis was. Weg van waar zij niet wezen wilde. Net zo lang tot ze niet meer wist waar ze was in Amsterdam en op een stoep ging zitten totdat de politie werd gehaald. Blij met het eten dat ze op het bureau kreeg. Met de aandacht. Dat iemand naar haar omkeek. Dat iemand zich om haar bekommerde. Inmiddels is ze het bijna als vanzelfsprekend gaan beschouwen.

Als in mijn telefoonscherm de naam van mijn moeder oplicht, weet ik dat er iets aan de hand is. Ze belt nooit. Soms is het omdat een van de poezen een vogeltje heeft binnengebracht. 'En het leeft nog.' Of omdat plotseling de gang van het complex wordt geschilderd. 'Die ouwe gang was nog prima.' Nu klinkt er een breekbaar stemmetje. Haar fiets is gestolen.

'Wie doet nou zoiets?'

'Een fietsendief.'

Ik ga meteen een andere met haar kopen. En kom – doe eens gek – we doen er meteen nieuwe fietstassen bij. Dat is handig als ze bij de Deen hart voor de katten gaat halen. Ze is als een kind zo blij.

Ik zeg haar dat ze er verstandig aan doet om de nieuwe aanwinst in de garage onder haar appartementencomplex te zetten. Maar ik besef dat dit weinig kans van slagen heeft. Die is alleen bereikbaar via een lift en ze weet niet hoe die werkt. Knopjes. En dit keer kan ik de overbodige niet afplakken.

Op een ochtend ga ik extra vroeg naar de kookboekwinkel omdat ik daar een zending te beoordelen wijnen verwacht. Ik fiets door een ontwakende Pijp. Het gekletter van de Cuyp in opbouw. Op het Gerard Douplein legen de schoonmakers van buurrestaurants Petit Caron en Brut de Mer simultaan hun emmers in de goot. Een vrachtwagen van horecagroothandel De Kweker staat op de knippers. Aan een tafeltje voor De Wasserette zit een toerist die zijn bed al uit is aan een koffie. Het kan overigens ook zijn dat-ie er nog in moet.

En op de hoge drempel van de winkel zit mijn moeder. Met bibberende handen. Maar nu zie ik ook een bibberend kinnetje. Toen we kinderen waren zeiden mijn broer en ik dat mama 'sikkiebeef' had. We wisten dan dat ze ergens ontdaan over was. Een handdoek die van het wasrek was afgewaaid en in de binnentuin terecht was gekomen. De melk die was overgekookt. De lapjeskat die raar vanuit haar keel begon te mauwen, omdat ze weer eens moest gaan jongen.

Nu staan op de stoep voor de winkel haar nieuwe en haar oude fiets.

'Hij stond weer gewoon op slot,' zegt ze. 'Hoe doen ze dat?'

'Gewoon door hem niet te stelen.'

Op de hoek van het Sarphatipark wijst ze het rek aan waar ze haar gestolen fiets in heeft teruggevonden. Ze weigert te geloven dat ze vergeten was dat ze hem een paar weken eerder daar zelf had gezet.

'Ik weet toch wel waar ik mijn fiets achterlaat.'

In de winkel drink ik een kop koffie met haar.

Niet veel later rijden mijn moeder en ik door de Van Woustraat naar haar huis. Zij op het gestolen exemplaar ('Die zit toch het lekkerst') en ik op de nieuwe.

Het is lang geleden dat we zo met elkaar hebben gefietst.

3

Richting Bosplan

We gaan naar het Amsterdamse Bos. Met mijn moeder fiets ik over de Fred Roeskestraat, een deel van de stad dat twijfelt of het nog wel Amsterdam is. Het is een straat die aan de overkant van de Stadionkade ligt onder de gestaag uitdijende schaduw van de Zuidas. Naar de waterzijde gedraaid staan het Geert Groote College, de Tweede Openluchtschool en The British School of Amsterdam, instellingen die het 't beste voorhebben met 'het kind'. Een advocatenkantoor heeft zich er gevestigd in non-descripte nieuwbouw, zo ook de Rietveldacademie, in een net wat ambitieuzer vormgegeven pand. Door het constante gesuis van de nabije ring A10 is het nooit meer helemaal stil op de Rooms-Katholieke Begraafplaats Buitenveldert, wat verderop in de straat.

Mijn moeder gaat nooit meer naar 'het Bosplan', zoals zij het noemt. 'Toen jullie klein waren, ben ik er voor het laatst geweest.' In een halve eeuw kan er veel gebeuren. Op eigen gelegenheid zie ik het haar sowieso ook niet meer doen. Haar mantra 'lopen en fietsen' is gaan eroderen. Sinds kort neemt ze wat minder vaak de fiets. Het verkeer is haar te druk geworden. Ze is twee keer gevallen. En een heup is bij een vijfentachtigjarige zo gebroken. Daarom is het nu 'lopen en lopen'. Naar de Albert Cuypmarkt. Naar de Dappermarkt. Naar de Ten Katemarkt. Naar mensen kijken. Naar schoenen. Op straat draagt ze tegenwoordig altijd haar lila moonboots. Die vormen niet altijd een onberispelijke combinatie met de rest van haar outfit.

Maar nu fietst ze naast me op haar oude damesfiets, aan de beschermde binnenkant, alsof zij nu mijn kind is. Ik moet me bedwingen mijn rechterhand niet in haar nek te leggen om haar meer balans te geven en zachtjes voort te duwen. De losse flappen van de zwart-wit-groen gestippelde fietstassen wapperen zachtjes. Door de tremor in haar handen krijgt ze de riempjes niet meer dicht. In plaats van hart voor de katten zitten er nu fotoboeken in de tassen, die we zo gaan bekijken als we in het bos zijn.

Ze vraagt of we even kunnen stoppen bij de inham waar het water van de Stadionkade een winkelhaak maakt. Het lijkt alsof een enorme graafmachine zich heeft verslikt en per ongeluk een enorme hap uit de oever aan de overkant heeft genomen. Het ontstane gat bleek groot genoeg om er vier villa's aan te bouwen. De familie Fentener van Vlissingen woonde er. En de topman van AKZO. Rondom kogelvrij glas. Een boot achter.

In haar jeugd was het braakliggend terrein. Ondanks haar leeftijd liggen haar herinneringen aan de oppervlakte. Evenals het vuil, de gebruikte condooms en dode honden die er in het water dreven als ze in de zomer vanuit De Pijp ernaartoe liep om te gaan zwemmen.

Ze wijst naar de overkant. De Stadionbuurt. Saai, slaperig en statisch. 'Toen ik dertien was, had ik daar mijn eerste baan als kinderoppas.'

Nu peddelen we richting de Bosbaan, de roeibaan van ruim twee kilometer lang en tweeënzeventig meter breed die zich uitstrekt achter de hoofdingang aan de Amstelveenseweg.

'Die heeft mijn vader nog helpen graven.'

Het is de eerste keer dat ik iets van trots in haar stem denk te bespeuren als ik haar wat over een van haar ouders hoor vertellen.

Mijn opa Sjakie was metselaar van origine. Tijdens de crisis in de jaren dertig was hij een van de twintigduizend Amsterdammers die werden ingezet voor de aanleg van het Bos. Hij maakte deel uit van het contingent werklozen en vertelde vroeger dat de meesten ervan – banketbakkers, diamantslijpers en kantoorbedienden – stonden te zuchten en puffen, niet gewend als ze waren hun spieren te gebruiken. Ik kende hem als een stille man in een leunstoel. Klein. Hoekig. Grote neus. Grote handen. Ik schudde er een als wij op zondagmiddag op familiebezoek kwamen. Een eindeloos lijkende tramreis bracht ons vanuit De Pijp naar Slotermeer. Opgespoten land, ogenschijnlijk lukraak neergeplante huizen die uit een blokkendoos afkomstig leken. Over de nabijgelegen Sloterplas kwam de wind aanjakkeren, niet onder de indruk van de stakerige boompjes die oogden alsof zij het liefst zelf beschutting hadden gezocht. Zou mijn opa geweten hebben dat Cornelis van Eesteren die Slotermeer had bedacht ook de stedenbouwkundige was die hem in het Bosplan aan het werk had gehouden? Of was dat misschien juist de reden dat hij er meteen na de bouw in 1955 was gaan wonen? Met zijn nieuwe vrouw, die al drie kinderen van verschillende mannen had, voordat ze meende dat opa Sjakie de ware was. De kleine voorkamer van hun derde verdieping op het Jan Cupidohof was altijd gevuld. Samen hadden ze ook nog eens voor vier nakomelingen gezorgd. Ik kan me niet herinneren dat mijn opa ooit iets tegen míj zei. Misschien waren zijn woorden al op als ik kwam.

Als we 'De Banaan' passeren, een zijtak van de Bosbaan, vertel ik haar dat mijn broer, mijn zuster en ik van plan zijn om daar de as van mijn vader uit te strooien. Het was zijn favoriete visstek.

'Ach, ik vroeg me toevallig laatst af waar je vader was gebleven,' zegt ze. Meteen na zijn dood al leek hij een soort afgesloten hoofdstuk voor haar. 'Die man was op,' had ze pal na zijn overlijden gezegd. En daarna stopte ze met herinneringen aan hem ophalen. Zelf begon ze nooit meer over hem. Op één keer na. 'Je vader zat vannacht op het voeteneind van mijn bed. Het was zo echt. Ik ben maar even gaan plassen en toen ik terugkwam was-ie weg.' Probleem ook weer opgelost. Ze weet nog niet of ze wel meegaat als we 'm te water gaan laten.

Het is donderdag, vroeg in de middag. De lente hangt in de lucht. Er vliegt een Boeing over, zo laag dat het lijkt alsof je 'm bijna kunt aanraken. Het Amsterdamse Bos ligt in de aanvliegroute van Schiphol en om de twee minuten giert er een vliegtuig over.

Onlangs zat mijn moeder er nog in eentje, na een verblijf op Ibiza waar ze een weekje bij mijn broer was geweest. 'Ik heb haar weer even bijgevoerd,' zei hij toen ik 'm belde om te informeren hoe het daar met haar ging. Hij stuurde me een foto waarin ze in badpak op een enorme roze opblaasflamingo in zijn zwembad dobberde. 'Oma heeft het naar haar zin,' stond erbij. 'Welke is de oma?' appte ik hem terug.

'Ik heb het bos zien liggen,' vertelde ze zo blij als een kind nadat ik haar had opgepikt bij de gate waar zij door een begeleider naartoe was gebracht. Ze kan niet alleen reizen. Nooit gekund trouwens. Mijn vader was haar reisleider. Mee in de auto. Inchecken en uitchecken in de tram. Hier naar links. Daar naar rechts. Vergeet je je jas niet, Janny? We gaan vanavond spruitjes eten.

Toen ze mij op Schiphol zag staan, was ze opgetogen, maar ze vond het ook volstrekt vanzelfsprekend dat ik er was. Ze maakt zich nooit zorgen: er wordt voor haar gezorgd.

We komen langs het tennispark in het bos dat is aangelegd op de plek waar vroeger de Vietnamweide was. Begin 1972 heb ik daar een weekend doorgebracht als protest tegen het kabinet-Biesheuvel. Dat vond het wel oké dat Amerika bommen gooide op Noord-Vietnam. Er waren twaalfduizend bezoekers. André van der Louw kwam een toespraak houden. Met mijn vriend Wolf, die voor de CPN langs de deuren ging, zat ik in een niet waterdicht tentje. Het regende twee dagen onafgebroken.

Tussen de vliegtuigen door is het stil op de Grote Speelweide, een cirkel van gras, grotendeels omgeven door bomen, uitkijkend op de Grote Vijver. Er laat iemand zijn hond uit. Mijn vrouw en ik deden dat ook toen we nog Berners hadden, Zwitserse berghonden die zich ook prima thuis voelden op het vlakke grasveld. Nu laat ik er mijn moeder uit. Met haar zoek ik ook een boom op, met aan de zijkant daarvan een bankje.

In de fotoboeken die zij heeft meegenomen zitten twee zwart-witfoto's met een kartelrandje waaronder 'Bosplan' geschreven staat. Meer zijn er hier niet genomen, terwijl we er toch zoveel jaren zoveel zaterdagen en zondagen hebben doorgebracht.

Straat uit – Ruysdaelkade – Pijp uit – Stadionweg – Amstelveenseweg – Bosplan in. Een klein halfuurtje fietsen als je je niet haastte. Fietsstoeltje en fietstassen gevuld. Voor de verandering liet mijn vader zijn hengels thuis. Tijd voor het gezin.

In al die jaren is er weinig veranderd. Alleen de uitspanning waar waterfietsen en kano's gehuurd konden worden is nog niet lang geleden afgebroken. Er is iets nieuws neergezet. Chaletbouw. Hout. En toch detonerend in het bos. In de boomtoppen klinkt een geluid dat het midden houdt tussen geritsel en gefluister, veroorzaakt door de luchtverplaatsing van een overkomend vliegtuig. In gedachten maak ik weer de eindeloos lijkende wandeling als we aan de andere kant van de speelweide een plekje hadden gevonden en ik helemaal alleen een trekdrop mocht gaan kopen. Slalommend tussen handdoekeneilanden, kleedjesenclaves en klapstoelen door. Ik ruik het gras en de klaver weer, het zoet van Exota, het weeë van zweet. Op de terugweg even de angst wanneer ik mijn vader en moeder niet meer zag. Nu zie ik hoe klein de Grote Speelweide eigenlijk is.

Van achteren gefotografeerd zit ik met mijn moeder op de betonnen rand langs de Grote Vijver. Ik moet een jaar of twee zijn geweest op de foto. Bloot ruggetje. Zonnehoedje op. Mijn broer was nog niet geboren. Misschien raakten mijn tenen net het water. In de vijver staat mijn neef Ronald van zes, het enig kind van tante Beppie, de oudste zus van mijn moeder, en ome Johan, haar man. Hij heeft op de foto een kapsel dat nu weer heel modern is: de zijkanten hoog opgeschoren. Tante Beppie en ome Johan wilden graag dat Ronald later politieagent werd, maar hij slaagde steeds niet voor het toelatingsexamen van de Politieacademie. Toen is hij buschauffeur geworden. Kon hij toch een uniform aan. Op de foto draagt hij een hoog opgesjorde zwembroek en kijkt hij verwijtend om. Er is niemand in de vijver om mee te spelen en zijn neef is nog te klein.

Er komt weer een vliegtuig over.

'Vliegen ze hier altijd zo laag?' vraagt mijn moeder.

'Ja mam, anders kunnen de mensen die erin zitten het bos niet zien liggen.'

Ik vraag haar waarom ze op de andere foto zo beteuterd kijkt, terwijl ze voor mij op haar knieën zit met een strandbal boven haar hoofd die ik moet pakken. Ze weet het niet en wijst op een hond die ze 'schitterend' vindt. Er zijn meer van dergelijke opnames, geënsceneerd door mijn vader, waarop ze wat verkrampt oogt. Mijn moeder (een frons) en ik bij een paard. Mijn moeder (verschrikt) en ik in een tuin. Mijn moeder (wegkijkend) en ik op de Dam. Het ongemakkelijke van het voor haar onbekende. Een kind. Een peuter. Een zoon.

Hoe ga je daarmee om als je zelf geen onbezorgde jeugd hebt gehad?

Voor de lunch gaan we naar Boerderij Meerzicht, een restaurant aan het einde van de Bosbaan waar ze pannenkoeken serveren. Ik bestel er eentje met appel voor haar. Ze lijkt naar achteren te deinzen wanneer het ding arriveert. 'Heeft u straks misschien een zakje voor me?' vraagt ze aan de serveerster nog voordat ze er een hap van heeft genomen. Het restant gaat mee naar huis om aan de duiven te voeren. Alsof een overvliegend Colombiaans vrachtvliegtuig zijn lading verliest, belandt er een enorme hoeveelheid poedersuiker op de pannenkoek. Ze snijdt er heel langzaam steeds een klein reepje af dat ze tremortrillend naar haar mond brengt. Na een halfuur is er een kwart van de pannenkoek verdwenen, deels richting de duiven die haar hier, net als thuis, weten te vinden. Met mijn servet veeg ik wat poedersuiker bij haar mondhoeken weg. Het is alweer een tijdje terug dat ze dit bij mij heeft gedaan.

Op de terugweg, halverwege de Bosbaan, stoppen we bij het Nationaal Dachau Monument. Het monument is een straatweg van Belgisch blauwsteen van een meter of zestig lang en ruim twee meter breed waarin de namen van alle vijfhonderd concentratiekampen en buitenkampen zijn gehouwen. Aan beide kanten staan dicht tegen elkaar geplante taxusbomen. Ook als de zon er schijnt, is het er kil. De weg is zo aangelegd dat deze ongelijk loopt, als symbool voor de gevangenen, die op ongelijk schoeisel liepen. Mijn moeder struikelt, maar weet zich staande te houden. Zoveel jaar na dato toch nog bijna oorlogsslachtoffer. Ze houdt heel even in op de plek waar Auschwitz is uitgehouwen: voor haar tante Branca en haar dochtertjes, haar nichtjes. Dan wandelt ze door om iets verder weer in te houden, een aarzeling in een stap, meer niet, bij Buchenwald.

'Ach, Brammetje Speijer. Die woonde tegenover mij in de straat. Prachtige krullen had-ie. Op een dag was-ie weg. Het is de eerste keer dat ik weer aan hem denk.'

4

De Stadhouderskade over

Het eerste geboortekaartje van mijn zusje schreef ik verkeerd: Bramca Elise. Mijn vader had mijn moeder ervan weten te overtuigen dat zij toch beter Elise Bramca kon gaan heten. Hij was er zeker van dat zij later in haar leven anders vast en zeker Bram genoemd zou gaan worden. Mijn moeder had besloten haar dezelfde naam te geven als haar tante.

Ik was twaalf en mocht de kaartjes aan de tafel schrijven in onze iets hoger gelegen keuken aan het eind van de gang met het oranje linoleum. In de keuken lag zwart-wit geblokt zeil, als een schaakbord. Links stond een vierpitsgasstel op een kleine ijskast in een uitgespaard nisje, waar aan de zijkant een handkoffiemolen was bevestigd. Om de hoek daarvan een lichtblauwe Ruton-langzaam-wasser met een ACME-wringer. *Low-med-high* stond erop. Het duurde even voordat ik snapte wat dat betekende. Onder het raam, dat uitkeek op het platte dak van Garage Van Leeuwen, bevond zich een granito aanrecht met een wasbak en een kraan. Een geiser hadden we niet. Een douche evenmin. Eén keer in de week ging ik met mijn vader vanuit de Eerste Jacob van Campenstraat naar het badhuis op de hoek van de Eerste Sweelinckstraat. Het andere raam aan de zijkant van de keuken bood uitzicht op de grote kastanjeboom en het afgerasterde platje van onze buren op nummer 50 eenhoog. Dat was van de familie Vreeswijk: een vader, een moeder en een dikke dochter van in de twintig. In de zomer zaten zij daar op bierkratten uit flesjes te drinken en te roken. Nu zouden we ze Tokkies hebben genoemd.

In haar beige duster en op kamelenharen pantoffels was mevrouw Vreeswijk met een stoffer en blik bezig de enorme drollen van hun drie rottweilers op te scheppen. Ze kwam nooit op straat met die honden en dat was misschien maar beter ook. Als ze onze katten Peter en Ducky zagen, stortten ze zich blaffend en schuimbekkend tegen het hek. De katten toonden zich echter nooit onder de indruk en strekten zich, op de warme kiezels die de dakbedekking van de garage vormden, nog eens langzaam uit, alsof ze hun tong naar ze uitstaken.

'Auke, er knapt iets,' had ik mijn moeder die ochtend om een uur of zeven tegen mijn vader horen zeggen. De deur naar het tussenkamertje van mijn broer en mij ging dicht en een uur later werd de dochter geboren die mijn vader al zo lang dolgraag wilde hebben.

'Jongens, jullie hebben een zusje,' zei hij tegen mijn broer en mij. We dachten tranen in zijn ogen te zien. Niks voor hem, vonden wij. Als oudste mocht ik haar eerst vasthouden. Gewenst vertederd keken we naar het hoopje mens. Er is een foto van.

In het onlangs geopende Holocaust Museum op de Plantage Middenlaan ga ik achter de computer zitten die toegang biedt tot de database met Joodse slachtoffers van de Tweede Wereldoorlog. Ik tik haar naam in: Bramca Vischjager-Mok. 'Dochter van Emanuel Mok en Sophia Kokernoot. Op 1 augustus 1934 getrouwd met Mozes Vischjager, zoon van Jacob Vischjager en Judic Schelvis. Acht broers en zusters, van wie er eentje een week na de geboorte was overleden. Vier van haar zusters overleefden de Holocaust, haar broers Jacob en Abraham en haar zuster Johanna niet.'

Dan zie ik dat ook mijn moeder zich vergist heeft. De zuster van haar moeder heette Branca Vischjager-Mok. Tweepoot, geen drie-.

Als ik het haar vertel, zegt ze: 'Ach, nou je het zegt... Nou ja.'

Wat verstrooid schakelt ze met haar afstandsbediening naar een andere zender. Ze gebruikt haar televisie ook als radio. Voor mijn argumenten dat zoiets veel stroom kost heeft ze geen oor. Bovendien weet ze niet hoe het stereotorentje met pick-up werkt dat mijn vader ooit heeft gekocht en waarop hij zijn platen van Frank Sinatra af en toe draaide.

Op 4 mei ben ik altijd bij mijn moeder. Vroeger ging ik met haar naar de Dam. Maar omdat het niet meer lukte om een plekje helemaal vooraan te bemachtigen, heeft ze daar geen zin meer in. 'Wat doen al die mensen hier?' klonk het dan bijna verwijtend. En toen ze gehoord had dat jongens in de nacht na de herdenking met de kransen waren gaan voetballen, wilde ze helemaal niet meer gaan. 'Weet je wat het is, Har? Domme mensen kunnen niet begrijpen dat ze dom zijn.'

De laatste jaren kijken we op de televisie naar de Dodenherdenking die zij consequent Jodenherdenking noemt. Sindsdien haalt zij ook jodenkoeken. Daar ziet ze zelf wel de humor van in. Als de twee minuten stilte zijn afgelopen, neemt zij nog een koek en zegt: 'Van de Joden niets dan goeds.'

Haar overgrootmoeder was Joods. Haar grootmoeder was Joods. Haar moeder was Joods. Zij is Joods.

Ik ben Joods. Al was mijn vader niet Joods maar marinier. Joods word je via je moeder.

Toen ik gekeurd werd voor militaire dienst kreeg ik een formulier waarop stond dat ik vrij kon krijgen op joodse feestdagen. En dat er met het verstrekken van de maaltijden rekening met mijn geloof kon worden gehouden. Ik werd afgekeurd. Op medische gronden. In plaats van dat er een stukje van mijn voorhuid was weggeknipt, moest er wat anders verwijderd worden: mijn galblaas. Op een aanval met galstenen was het leger niet geëquipeerd.

Erg dramatisch doet mijn moeder overigens niet over de oorlog. Misschien heeft ze het verdrongen. Misschien begint het te vervagen. Kernachtig vat ze de oorlog in haar leven samen met 'het was een afschuwelijke tijd voor een kind'. Als ik vraag of ze niet bang was, antwoordt ze ontkennend. Hoewel, op die ene keer na dan, toen zij dacht dat de Duitsers misschien haar moeder mee zouden nemen. Weliswaar was zij met een christenman getrouwd waardoor zij niet voor deportatie in aanmerking kwam, maar zo'n door de straat marcherend peloton vanuit het raam luidkeels voor 'Nazi's, nazi's, nazi's!' uitmaken en *'Raus! Raus! Raus!'* roepen, zou weleens in verkeerde aarde kunnen vallen bij de bezetter. Bovendien was die er dan misschien achter gekomen dat die christenman communist was.

'Je tante Beppie en ik hingen jankend aan haar benen om te proberen haar naar binnen te trekken.'

Mijn moeder zou mijn moeder niet zijn geweest als ze er toch weer iets positiefs in had ontdekt: 'Maar wat konden die moffen zingen. Schitterend.'

Voor de laatste drie jaar van mijn lagere school moest ik De Pijp uit. Opeens bleek de Frans Halsschool in de Frans Halsstraat om de hoek niet meer goed genoeg. Waarom weet ik niet. Ik was een goede leerling. Als ik mijn moeder ernaar vraag, zegt ze: 'Ik weet het niet meer. Maar we wilden nu eenmaal het beste voor jullie.'

Met mijn broertje Jeroen belandde ik op de Elizabeth Wolffschool, praktisch op de hoek van de Prinsengracht en de Vijzelstraat. Als we niet te veel treuzelden was de wandeling van huis naar school tien minuten. Links de Jacob van Campen uit, aan de overkant de hoek om bij nummer 59. Nu is dat het enige gemeentemonument in een straat vol karige arbeidershuizen, destijds was het de muziekbibliotheek waar bladmuziek en boeken over muziek werden uitgeleend. Ik vond het een mysterieus en somber gebouw waar ik nooit iemand in of uit zag gaan. Maar misschien kwam het omdat ik niet zoveel met muziek had. Mijn moeder draaide vaak een plaat van de Kilima Hawaiians. Ik pakte dan de voetbal en ging de straat op.

Bij de muziekbibliotheek de Ferdinand Bol in, langs Saul Groen op nummer 8, die ook in bladmuziek deed, en de grote kapperszaak op nummer 4, waar toen al heel goedkoop geknipt werd. Omdat de tijd er heeft stilgestaan, zie ik er tegenwoordig regelmatig filmcrews binnen, die nu heel toepasselijk *'and cut'* roepen.

Op de hoek bij Café Berkhout de drukke Stadhouderskade over. 'Houd je wel Jeroens hand vast als jullie oversteken?' gaf mijn moeder mij iedere keer weer als opdracht mee. Ik deed het met tegenzin. Snel weer loslaten aan de overkant. De brug op en op een holletje ervanaf, naar het Weteringplantsoen, kort genietend van de versnelling die de brug als bonus in petto had na het hoogste punt.

Ik zit er op een bankje en zie nu dat de rododendrons aan de kadekant zijn verdwenen. Vroeger sloop ik daar met mijn vriendje Rob Fleer doorheen, wetende dat een oudere jongen zich daar soms zat af te trekken, met zijn rug leunend tegen het monument 'De Gevallen Hoornblazer'. Later besefte ik pas hoe wonderlijk het was om je gerief te zoeken op een plek waar de Duitsers op 12 maart 1945 dertig politieke gevangenen executeerden. In de gedenksteen van het monument staan hun namen gegraveerd. Jongens. Mannen. De oudste eenenvijftig, de jongste achttien. Ik kijk of er bekende namen tussen staan. Niet dat ik er familieleden verwacht. Behalve een beetje melkpoeder jatten en de Arbeitseinsatz ontlopen kunnen we ons niet laten voorstaan op tot de verbeelding sprekende verzetsdaden. Bij de familie van mijn vrouw wel. Daar was er sprake van Bob, een onecht kind van haar oma. Ik heb nooit begrepen waarom een kind zo'n stempel kreeg opgedrukt. Op zijn drieëntwintigste had hij in de Cornelis Anthoniszstraat een fietsenmaker met NSB-sympathieën doodgeschoten. Het leverde hem een enkeltje Oranjehotel en Kennemerduinen op. Zonder dat mijn vrouw en ik dit verhaal kenden, hadden we onze zoon Bob genoemd. Mijn schoonmoeder pinkte een traantje weg toen ze in de wieg keek. Op dat moment dachten we dat het was omdat het haar eerste kleinkind was. Toen haar dementie niet alleen luiken liet zakken maar sommige ook opende, kon ze er pas over vertellen.

In mijn rug, aan de overkant, is het plantsoen vernoemd naar verzetsheld H.M. van Randwijk. Daar ken ik de speeltuin, de oudste van Amsterdam, die alle vormen van modern vermaak overleefd heeft. Als ik niet in de straat voetbalde, ging ik daarnaartoe. Op de muur staat EEN VOLK DAT VOOR TIRANNEN ZWICHT, ZAL MEER DAN LIJF EN GOED VERLIEZEN, DAN DOOFT HET LICHT... Als kleine jongen kon ik die woorden al onthouden. Ze raakten me, al kon ik hun gewicht destijds nog niet op de juiste waarde schatten.

Ondanks de openheid van beide buurplantsoenen, de zon die er vrij uitzicht op heeft, de verkeersdrukte en de stroom aan buitenlandse toeristen die er vanuit het centrum langskomt om de Heineken Experience te bezoeken, zoals de brouwerij nu heet, hangt er een schaduw. De poffertjeskraam die er sinds een aantal jaren staat, kan er niets aan afdoen. Het zal de kermisuitstraling zijn, de opgeklopte vrolijkheid.

Dodenherdenking is altijd heilig geweest voor mijn moeder. Al een uur voordat we twee minuten stil moesten zijn, waarschuwde zij ons 'dat we straks wel stil moesten zijn.' De radio aan. De 'Last Post' die klonk. Mijn broer die ik dan niet durfde aan te kijken uit angst dat ik misschien in schateren zou uitbarsten als hij een raar gezicht trok.

Twee dagen na 4 mei liep ik met hem terug van school. Handen niet vast. Kinderachtig. Dat vond hij ook, al was-ie pas zes. Vaak rukte hij zich ook al tijdens het oversteken los. Hollen. 'Wie het eerste er is.' Een geniepige voorsprong nemen. Steentje schoppen. De eenden het water injagen die lagen te soezen op de plint groen langs de Stadhouderskade. Even stilhouden in het Weteringplantsoen. Dat jaar, 1966, had de maand mei een koele aanloop genomen. De eerste dagen waren fris en regenachtig geweest en de bij het monument gelegde bloemen en kransen lagen er nog stralend bij. Mijn moeder keek blij verrast toen ik 's middags thuiskwam met een grote bos krokant knapperige witte tulpen. Het verhaal dat ik nog achter de mevrouw aan was gehold die op de Vijzelgracht de bos uit het mandje achter op haar fiets had verloren, had zij geloofd.

Tot mijn broertje vertelde dat het net iets anders was gegaan.

Mijn moeder kleedde zich om en trok haar donkerblauwe rok aan en de grijze mohair trui met de drie blauwe streepjes die ik zo mooi vond.

We liepen de straat uit, de brug over. In de ene hand hield ik, zo onopvallend mogelijk, de tulpen, mijn andere was stevig in de hare geklemd. Ze liet niet los, ook al was ik al tien.

Op 6 mei stonden we twee minuten in het Weteringplantsoen.

Zwijgend.

Op weg naar huis zei ze nog steeds niets.

5

Door de Frans Hals

Mijn nichtje Bette – de middelste dochter van mijn broer – is onlangs bruidsmeisje geweest bij het huwelijk van haar beste vriendin op Ibiza. Aan haar moeder en oudere zus Rosa laat ze een filmpje zien. Ze giechelen. Even later mag ook ik de aanleiding van het geproest bekijken. Tijdens de bachelorparty heeft de onvermijdelijke stripper acte de présence gegeven. Op het mobieltje klinkt gejoel en gegil als hij bij de bruid in spe op schoot gaat zitten. Het hoedje dat hij voor zijn kruis houdt, krijgt zij op haar hoofd. De sluier kwam de dag daarna.

Ruim een halve eeuw geleden was ook ik op een feest met een bruiloft als thema. Ik was een jaar of tien. We vierden dat tante Annie en ome Bertus 'het al vijfentwintig jaar met elkaar uithielden' zoals ze op de uitnodiging hadden geschreven. Bij wijze van grap hadden de broers en vrienden van ome Bertus bij de ingang van het zaaltje een condoleanceregister neergelegd. Om de zilveren bruiloft te vieren hoefden wij de buurt niet uit. Er werd een ruimte gehuurd op de Stadhouderskade 55. Achter de Hubertuskapel uit 1875 van de Sint Josephs Gezellen-Vereeniging was, aan de noordkant van De Pijp, het Van Nispenhuis gebouwd op een schaduwrijk, somber en zompig stuk grond dat er al tachtig jaar braak had gelegen. Het leek alsof de architect met dit theater en zalencomplex de karakteristieken van het bouwgat in bakstenen had willen vatten. Het 'Van Nispen' was een ongemakkelijk bouwwerk dat te donker, te neogotisch en te katholiek was voor de buurt. In 1977 brandde het complex af. Nu huist er een grijs bedrijfsverzamelgebouw, evenmin een architectonisch meesterwerk.

Nooit gingen mijn vriendje Rob Fleer en ik door de hoofdingang van het Van Nispen naar binnen. Fan als wij waren van de strips van Dick Bos vonden wij het nog spannend om als particulier detective het complex vanaf een heel andere kant binnen te dringen. Via het speelplein voor onze lagere school in de Frans Halsstraat wipten we over de schutting, door de tuin van de buurman die altijd dreigde een mes in onze voetbal te steken als deze tijdens het speelkwartier weer eens tussen zijn begonia's was beland, zo snel mogelijk over de volgende omheining. Dan klauterden we rap de uitbouw van het pand op, waarin een dependance van uitvaartorganisatie PC was gevestigd. Huiverend gluurden we door een kiertje tussen de gordijnen naar binnen. Daar lagen de dooien.

Doodstil was het ook in het blok dat begrensd werd door de Eerste Jacob van Campen, de Ruysdaelkade, de Frans Hals en de toen ook al drukke Stadhouderskade. Inmiddels is het een gemeenschappelijke volkstuin, maar toen was het voor ons een dichtbegroeid oerwoud, met een put waarin kikkers weggleden, nauwelijks een rimpeling in het water veroorzakend. Met overwoekerde paadjes van kleine keitjes, altijd vochtig omdat de zon er geen greep op kreeg. Wilde bloemen, tamme kastanjes. Als we wilden zouden we bijna overal door openstaande ramen naar binnen kunnen glippen. Maar we hadden slechts één doel: het Van Nispenhuis. Daar wachtte de heilige graal, een zaaltje waar de avond daarvoor een feest was geweest en de schalen met pelpinda's nog niet opgeruimd waren en een halfgevuld kratje met frisdrank in een hoek stond. Je kon alles zeggen van die priesters, maar ze schonken wel echte Coca-Cola.

Bij het bruiloftsfeest zat ik op een stoel in een zaaltje waar ik nog nooit eerder was geweest. Op de aan de kant geschoven formicatafels stonden martiniglazen met sigaren, sigaretten en gematteerde bolknakken, hun kleurige sigarenbandjes die ik spaarde nog onbereikbaar achter cellofaan. Pall Mall zonder filter. Peter Stuyvesant mét. Er waren schalen met kaas en leverworst. Bier, wijn en frisdrank. Iedereen mag zelf pakken wat-ie wil. Ome Herman pakte de overbuurvrouw bij haar billen. Ik nam mijn derde chocomel. 'Word je niet misselijk?'

Er was zelfs een optreden van een artiest die door de schoonvader van ome Ron werd aangekondigd als 'Van der Steen, de muzikale artiest vol verrassingen'. Een man van een jaar of veertig met een wijd zittend kostuum en een dophoedje op zijn hoofd begon accordeon te spelen. Iedereen ging dansen. Behalve tante Truus, die altijd klaagde over haar rug en met een zuur mondje op een stoel bleef zitten. Het zachte kussentje dat zij overal mee naartoe nam, had ze ook nu bij zich. Mijn broertje was onder een tafel in slaap gevallen. Maar die was ook pas zeven.

Er werd gegiecheld. Er klonk gejoel en gegil. Van der Steen had zijn accordeon opzijgelegd en een lied ingezet met als refrein: 'Ik ben Van der Steen en ik heb een derde been.' Iedere keer als hij die tekst aanhief, duwde een constructie in zijn broek hem omhoog, waarna zijn twee benen los in de lucht bungelden. Soms langzaam. Dan weer snel. Af en toe met horten en stoten. Tijdens het slotakkoord, dat inmiddels door iedereen uit volle borst werd meegezongen, zwabberde hij staand op zijn derde been van voren naar achteren en van links naar rechts. Een vrouw die ik niet kende, hoorde ik zeggen: 'O hou op, ik pies in mijn broek.'

Tijdens de verjaardag van mijn opa een paar weken later werd er nog uitgebreid over nagelachen. We zaten nu in de kleine achterkamer in de Govert Flinck. Een plank die werd ondersteund door twee vuilnisbakken fungeerde als extra bank. Mijn vader zat op een krat bier. Ome Joop zette 'Let's twist again' op en dacht dat-ie zelf net zo goed kon twisten als Chubby Checker. Er was geen echte Chocomel. Ik ging naar de achterkamer om op het bed van mijn opa en oma de oude *Donald Ducks* te lezen die de buurvrouw voor mij van boven had gehaald. 'Doe je wel zachtjes?' vroeg mijn moeder. Mijn broertje lag al te slapen.

De volgende dag was het Luilak, een feest dat vooral door jongeren in Noord-Holland op de zaterdag voor Pinksteren wordt gevierd. Langslapers worden 's ochtends vroeg wakker gemaakt door jongeren die belletje trekken, met de brievenbus rammelen of hard schreeuwend in groepen door de straat trekken. Ik mocht het voor de eerste keer vieren.

Luilak, beddezak.
Staat om negen uren op.
Negen uren, hallef tien
kan de luilak nog niet zien.

Wanneer was het de laatste keer dat ik de bel heb uitgezet om te voorkomen dat ik 's ochtends vroeg wakker werd gerinkeld? Nadat ik in 2013 weer in De Pijp was gaan wonen, was het daar in ieder geval niet meer nodig. Maar van de tijd daarvoor kan ik het me eigenlijk ook niet meer herinneren. Toen we nog in stil Zuid woonden, in de wijk achter het Concertgebouw, bleef de rust sereen op de zaterdag voor Pinksteren. Geen belletjetrek. Geen kinderen die luid het Luilaklied zingend, met potten, pannen en vuilnisbakken achter hun fiets gebonden, door de straat reden. Bestaat Luilak eigenlijk nog wel nu de 24-uurseconomie de nacht heeft opgeheven? Als er nog Luilak wordt gevierd, dan gebeurt dat op een locatie buiten de stad, staan er dranghekken omheen en wordt het een festival genoemd. Tegenwoordig is alles festival. Of braderie.

De metalen blauwe HEMA-wekker die ik onder mijn deken had gestopt liet een gedempte roffel klinken. Terwijl ik altijd treuzelde als ik naar school moest, stond ik nu snel naast mijn bed, kleedde me aan en sloop alleen het huis uit, daarmee het verzoek van mijn broertje negerend 'of-ie alsjeblieft ook mee mocht'. Het vooruitzicht om 's nachts om halfvier over straat te lopen, kattenkwaad uit te halen en misschien zelfs fikkies te stoken van oude kranten sprak 'm als zevenjarige al aan. Met mijn vriendjes Robbie Fleer, Barrie de Haan en Jopie Schats ging ik eerst naar de bakker op de hoek van de Eerste Van der Helst, de enige in De Pijp die Luilakbollen bakte.

Robbie woonde in de Frans Hals boven de fietsenstalling. Zijn moeder hing altijd uit het raam. En zijn vader boven een vleugel. Hij was pianist in een club op het Thorbeckeplein. Er stond een vleugel die de halve kamer van de halve woning in beslag nam. Het huishouden manoeuvreerde daaromheen. Als ik 's middags weleens bij hem mocht spelen, moesten we zachtjes doen. Robbies vader sliep dan nog, in een deel van de kamer dat afgesloten was met een gordijn. Zijn smoking hing op een hangertje achter de matglazen deur van de keuken. De eerste keer dat ik bij Robbie boven kwam schrok ik ervan.

Of Barrie een vader had wist ik eigenlijk niet. Bij mij aan de overkant zag ik altijd alleen zijn moeder op de stoep een sigaret roken. Op een kleedje aan haar voeten dreutelde zijn babyzusje. Een bleek meisje met alleen een beduimeld hemdje aan. Op een dag had Barries moeder waarschijnlijk toch binnen gerookt. De vlammen sloegen uit de benedenwoning. Zij stond met de baby op haar arm te wanhopen, terwijl de brandweer van de kazerne over de Ruysdaelkadebrug aan kwam scheuren. Thuiswedstrijd. Smeulende resten van karig meubilair op de stoep. Het dichtgetimmerde huis. De geur van verbrand nat hout die nog een tijdje door ons open slaapkamerraam naar binnen kwam. 'Was Barrie bijna de gebraden haan,' zei mijn vader. Barrie verhuisde naar Osdorp. Daar woonde ook mijn neef. En ik wist dat het ver weg was. Ergens bij het eindpunt van lijn 1.

Jopies vader bestond wel. Als de vuilnisman was geweest, kwam hij er met een kar achteraan om de zinken gemeentevuilnisbakken schoon te spuiten, die hij dan met veel kabaal omgekeerd op de stoep zette om uit te lekken. Het leek mij mooi werk.

In de Van der Helst kochten we het witte broodje waar met moeite wat krenten en rozijnen in te ontdekken waren. Aan de Luilakbol zat niet veel smaak. Het tijdstip van eten zorgde voor de grootste opwinding. Misschien was het ook de warmte van het broodje, net uit de oven, in de nog kille ochtend. We gingen de buurt achter de Ceintuurbaan in. Een andere wereld. Daar woonden andere mensen. Onze eigen familie en ooms en tantes gingen we niet wakker maken. Die kwamen we de volgende dag weer tegen. En anders op feesten en partijen.

In de Van Ostadestraat klemden we deurbellen vast met een lucifer, waardoor ze bleven rinkelen als ze niet waren uitgezet. In de Rustenburgerstraat zongen we luid het Luilaklied en klepperden we met brievenbussen. In de Kuipersstraat draaiden we ventieltjes uit fietsbanden. We staken een krant in brand, die snel doofde omdat het 's nachts geregend had. De opwinding bleef uit. Totdat Robbie op straat achtergebleven vuilnisbakken omschopte en er een politiebusje verscheen. We waren zo verbouwereerd dat we niet eens de tegenwoordigheid van geest hadden om weg te hollen. Het werd een tochtje langs de Amstel, met ontspannen babbelende en rokende politieagenten voorin die ons geen blik waardig keurden, een routineklusje, corvee. Zonder een woord te zeggen zetten ze ons in de buurt van Uithoorn eruit en moesten we aan de wandeling terug naar Amsterdam beginnen. We deelden de laatste Luilakbol, zagen mannen in blauwe overalls – soms nog maar jongens, net iets ouder dan wij – die hier op dit tijdstip al rondreden op grote trekkers en net zo verbaasd naar ons keken als wij naar hen.

Toen ik 's middags weer terug was, ging ik voetballen in de speeltuin tegenover de Heineken Brouwerij. Voordat er voldoende jongens waren voor een wedstrijd, trapte ik eindeloos een balletje tegen het houten doel zonder net. Een punt als je de paal raakte. Twee tegen de lat. Drie voor een schot op de kruising. Opdraaien om als eerste een team te mogen kiezen. Tossen wie op doel moest beginnen. Goedkope witte gympen van Van Haren, die doordreunen op het veld van straattegels. Mijn Adidas-kicksen mocht ik alleen maar op het veld aan als ik op zaterdag 'voor de competitie speelde'. Nike moest nog geboren worden. Ik had mijn oude spijkerbroek aan die mijn moeder op de Cuyp had gekocht. Met gaten en slijtplekken, van vallen en ouderdom. Na de wedstrijd moest ik mijn 'goeie broek' aan. Voor mij de foute: een grijze pantalon van Kreymborg, het saaipaleis op de hoek van de Cuyp en de Ferdinand Bol. Vanavond was het feest.

Mijn moeder was ook in de speeltuin. De hele middag was ze bezig witte bloemen te steken in de ereboog die mijn vader en mijn ooms 's ochtends hadden gemaakt van gele houten kratten Heineken Bier. De inhoud ervan stond al binnen in de speeltuinkeet waar het straks feest werd.

'Wij spugen er niet in, maar die familie van Jantje kan er wat van,' zei mijn oom Piet. Jantje was de man met wie Marijke, het halfzusje van mijn moeder, eerder die dag was getrouwd. Hij kwam uit Amsterdam-West, waar zijn drie broers vanuit gammele loodsen achter de Admiraal de Ruyterweg handelden in tweedehandsauto's. En als ze niet aan het handelen waren, zaten ze te kaarten in een café op het Mercatorplein. 'Om grof geld,' wist mijn vader. 'En die ene doet ook nog wat met wijven.'

Ook ome Arie, de speeltuinbeheerder, had zich voor de gelegenheid netjes gekleed. Zijn vale, blauwe werkmansbroek, met zakken op de meest onwaarschijnlijke plekken, had hij verruild voor een keurige bruine ribfluwelen. Die avond zou hij een en ander in goede banen gaan leiden.

Iemand had grote geluidsboxen en maar liefst twee pickups neergezet en kleurige lichtspots opgehangen. Er was die avond geen Chocomel, maar Coca-Cola lustte ik ook graag. Daar kon je goed van boeren. Marijke vond ik er mooi uitzien. Meestal had zij mini-jurkjes aan, maar zo'n lange witte stond haar ook goed. Later verbaasde ik mij erover hoe zij op mijn moeder leek, terwijl ze alleen maar dezelfde vader deelden.

Aan bier geen gebrek. Er was ook jenever, Coebergh Bessen en 7UP. Het dansen werd wilder. Dit was heel wat anders dan de Van der Steenrock. 'Venus' van Shocking Blue. 'Gina Lollobrigida' van Tony Bass. 'Hair' van Zen, 'Honky Tonk Women' van The Rolling Stones. Mijn neef Ronald en ik luisterden niet echt, maar pulkten aan de hangsloten van de kasten waar ome Arie zijn voorraad snoepgoed had opgeslagen. Mijn nichtje Joke van zes zag ik een vies gezicht trekken nadat ze een glaasje advocaat had leeggelikt in de overtuiging dat daar gele vla in had gezeten. Met bewondering keek ik naar een van de broers van de bruidegom die zijn zoveelste biertje wegklokte. Ik zag zijn hand onder de tafel verdwijnen en over het bovenbeen van mijn tante Karin glijden die met ome Ben, de neef van mijn vader, was getrouwd. Bij 'Je t'aime moi non plus' van Jane Birkin duwde hij haar de dansvloer op.

Opeens klonk er geschuif van stoelen. Een glas dat in scherven viel. Er was gegil. De mannen in mijn familie houden er niet van als er aan hun vrouwen wordt gezeten.

'Ik zit toch ook niet aan jouw wijf!'

'Denk je dat je hier met je hoeren te maken hebt?'

Ik zag mijn ome Flip – die weliswaar ook uit Amsterdam-West kwam maar wel getrouwd was met tante Carla, de stiefzuster van mijn moeder, en die zodoende mijn ome Flip was – de keel van de broer van Jan dichtdrukken, die zich nog steeds op de dansvloer bevond maar nu op zijn rug.

'Flip, Flip! Stop! Stop! Je maakt 'm dood!' schreeuwde mijn tante Carla, die niet alleen heel hard kon lachen, maar ook heel hard kon schreeuwen.

Half over de bar worstelde mijn ome Joop met een man die nog maar een deel van een wit overhemd aanhad.

Rustig trok mijn vader zijn colbertje uit en zei tegen mijn moeder: 'Janny, houd jij mijn jassie even vast', waarna hij een neef van de bruidegom van de rug van zijn neef Janus trok en deze een schop onder zijn kont verkocht die hem tussen de stoelen deed belanden.

Toen er twee overvalbusjes van de politie het terrein van de speeltuin opdraaiden, was het gevecht nog in volle gang.

Inmiddels had de bruidegom zijn vuist dwars door een glazen deur heen geslagen 'omdat iemand daarachter naar hem had gegrijnsd'. Later in het ziekenhuis konden de artsen de pezen in zijn hand en onderarm maar deels repareren. Werken als timmerman kon hij daarna niet meer. En hij moest zijn trouwring aan z'n andere hand dragen.

Ome Arie had een veeg bloed die niet van hemzelf was op zijn nieuwe ribfluwelen broek.

Behalve met het jasje van mijn vader stond mijn moeder met een bosje bloemen in haar handen, het trouwboeket van Marijke.

En Marijke huilde, huilde, huilde.

6

Op de hoek van de Eerste Sweelinck

Het is in de kleine aula van de Oosterbegraafplaats. Die blijkt meer dan toereikend: het gezelschap is niet groot. Een mannetje of twintig. Ome Nico was er eentje van een tweeling geweest. Een klein mannetje. In de baarmoeder had zijn zuster Evelien de lakens uitgedeeld. Alle beschikbare ruimte en energie had zij opgeëist. Tante Fien, zoals mijn moeder de tweede vrouw van haar vader noemde, had tijdens de vijfde maand pas in de gaten gekregen dat ze in verwachting was. Misschien had de routine haar minder opmerkzaam gemaakt. Toen zij in het leven van mijn opa verscheen, kwam zij niet met lege handen. Er waren al twee meisjes en een jongen. Joke, Carla en Robbie. Verwekt door drie verschillende mannen.

Evelien werd als eerste geboren, een kloeke achtponder. Haar broertje had vervolgens niet veel moeite gehad om zich ook te melden voor het leven: Nico was zo groot als een pak suiker. De verloskundige, in afwachting van de placenta, keek verbaasd op toen er nog een tweede kind kwam. Ook tante Fien werd verrast door de bonus.

Mijn moeder kan zich herinneren dat Nico een breekbaar jochie was. 'Hij was altijd wat ziekelijk. Ze hadden nooit gedacht dat-ie erg oud zou worden.'

Hoewel ze een tweeling waren hadden Nico en zijn zuster later ook meer weg van moeder en zoon. Al was het maar omdat Evelien sprekend op tante Fien leek. Nico's frêle constitutie had hem er niet van weerhouden altijd stevig te roken en flink te drinken. Als je hele leven welbeschouwd blessuretijd is, is alles mooi meegenomen. Uiteindelijk lichtte een aneurysma hem pootje. En daar ligt-ie nu. In zijn kist. Onder een Ajax-sjaal. Voetballiefhebber. Fan tot het laatste fluitsignaal.

Net zoals mijn vader. De avond voordat hij in 2015 kwam te overlijden ging hij mopperend de ambulance in die hem naar het VU-ziekenhuis zou vervoeren. Zijn ene overgebleven long begon dienst te weigeren. Op advies van de thuiszorgverpleegkundige zou hij daar een nachtje doorbrengen om weer op adem te komen. Ze had net zijn benen ingezwachteld – een verandering in zijn leven die hij aangreep om voortaan de telefoon op te nemen met: 'Ja, met de mummie.'

Eenmaal in het ziekenhuis probeerde hij nog steeds zijn status als 'opa Lachen', zoals zijn kleinkinderen hem noemden, te onderstrepen. Maar tevergeefs. 'Hij had te weinig zuurstof om zelfs zijn kortste grap bij de dokter tot een goed einde te brengen,' wist mijn zuster, die hem vergezeld had op wat later zijn laatste reis bleek te zijn.

Nu kan het overigens best zijn dat-ie die benodigde adem

al had verbruikt bij het mopperen toen-ie de ziekenwagen in ging: 'Potverdomme Janny, nu mis ik die wedstrijd tegen Tsjechië ook nog.'

Wij weten inmiddels dat-ie daar niets aan gemist heeft. Het was 13 oktober 2015, en het Nederlands elftal verloor met 2-3, mede dankzij een weergaloze eigen goal van Robin van Persie, en wist zich zodoende niet te plaatsen voor het EK Voetbal 2016.

Niet lang nadat we hadden gehoord dat-ie 's nachts mooi, vredig en sereen in zijn slaap was overleden, zonder angst, zonder ziekbed, zonder strijd en zonder zorgen, maakten we de grap die hij ook zou hebben gemaakt: 'Hij kon het Nederlands elftal niet meer aanzien.'

Als ik mijn stamboom probeer te ontwarren, beland ik in de jungle. En mijn moeder blijkt niet meer de meest betrouwbare gids. Ik vraag mij überhaupt af of zij ooit heeft geweten hoe het nou precies zat.

Van Joke en Carla, haar twee oudste stiefzusters, was de vader onbekend. Het is overigens niet onwaarschijnlijk dat tante Fien, de nieuwe vrouw met wie haar vader ging samenwonen, het zelf ook niet precies wist.

Over de verwekker van stiefbroer Robbie deden verschillende verhalen de ronde. Hij zou er eentje van een Canadese militair zijn. Van een uienboer. Of van een kersenkweker. Tante Fien kwam uit de Betuwe. Ze was een plattelandsmeisje.

'En plat ging ze,' wist mijn vader.

De enige die 'het geheim' kende was Carla. Maar voor haar

hadden we jaren geleden al in een aula gestaan. Net zoals voor Robbie, die nog eerder stierf. We hebben zijn vaders niet kunnen verwittigen. Alleen al over hem had Caroline Tensen een aparte reeks *DNA Onbekend* kunnen maken.

Een van Nico's dochters spreekt en doet dat kranig. Ze neemt ook de speech van haar tante, zijn tweelingzus, voor haar rekening. In de baarmoeder had zij het hoogste woord, maar nu haar broertje ligt opgebaard doet ze er het zwijgen toe.

Ik zie colberts onder windjacks uitsteken. Sportschoenen onder een pak. Verderop zit Joke, het oudste stiefzusje, in een rolstoel. Niet omdat haar leeftijd haar parten speelt. Haar tachtig jaar hebben haar er niet van weerhouden om te hard met haar Volvo te rijden, en uit de bocht te vliegen. Het was niet de eerste keer. Ik kende haar als een groot autoliefhebber. Met bewondering had ik een keer om haar knalrode Alfa Romeo Spider staan dralen, een bezienswaardigheid op het Jan Cupidohof, een verzamelplek voor Opel Kadettjes. Misschien was haar verwekker een autoliefhebber geweest die destijds een dagje toerde in de Betuwe en achter de hooiberg ook alle remmen los had gegooid. Achter Joke staat haar kleinzoon, een jongen van een jaar of twintig die haar nu door de bochten stuurt.

Mijn moeder heeft een auberginekleurig gewaad met een lila vest aan. Vanwege het plechtige karakter van de bijeenkomst heeft zij haar paarse, comfortabele moonboots ('die lopen toch zo zalig') verruild voor oranje halve laarsjes. Ze is immers op de fiets. Door de aula klinkt 'Bloed, zweet en tranen' van André Hazes, het lied dat tijdens de thuiswedstrijden van Ajax in de Johan Cruijff ArenA wordt gespeeld. Ieder moment verwacht ik dat het gezelschap zal opstaan om met Ajax-vlaggetjes te gaan zwaaien. Sinds mijn vader onder de klanken van 'Dag Sinterklaasje' de aula van Zorgvlied uitgedragen werd, kijk ik nergens meer van op. Ineens realiseer ik me dat ik daar destijds de laatste woorden met Nico heb gewisseld.

'Ik weet nou niet of ik moest huilen van verdriet of van het lachen,' had hij na afloop gezegd.

Afgezien van het slotakkoord was het verder ook een plechtigheid geweest die meer weg had van een cabaretvoorstelling dan van een uitvaart. Wie bij zijn kleinkinderen bekendstaat als opa Lachen heeft een naam hoog te houden.

Ik fiets met mijn moeder terug, de Berlagebrug over. In plaats van links af te slaan om naar haar huis te rijden stel ik voor om nog een kop koffie te drinken in De Pijp. Mijn vrouw heeft wat voor haar gekookt en dat ligt in de winkel. Maaltijdmantelzorg.

Omdat ik weet dat ze het leuk vindt om op de Cuyp uit te kijken, gaan we op het terras zitten van koffiehuis De Schaapskooi, op de hoek van de markt en de Eerste Sweelinckstraat.

'Schitterend.' Ze vond de uitvaart schitterend. 'Vooral die muziek.'

Ik wijs haar op het standbeeld van André Hazes dat precies op de andere hoek van de straat staat, op nog geen vijf meter van ons af. Ook nu liggen er als eerbetoon aan de volkszanger weer blikjes Heineken en bossen bloemen bij. Sinds de onthulling in 2005, een jaar na zijn overlijden, gaat er geen dag zonder stille huldiging voorbij.

'Ach, sinds wanneer staat dat er nou?' Hoewel ze bijna dagelijks door de buurt loopt, valt het levensgrote beeld haar nu pas op. Bovendien denkt ze dat het Willy Alberti is. 'Zijn dochter Willeke vond ik ook zo leuk zingen.'

Er wordt zwarte koffie gebracht in een klein dubbelwandig glas. Met de nodige moeite scheurt ze drie suikerzakjes open. De tremor speelt wat meer op vandaag. Misschien krijg je dat als de dood je op de vingers heeft gekeken. Ik kijk naar haar pinken die alle twee in een bijna haakse hoek staan. In de tijd dat ze nog volleybalde is ze een keer verkeerd terechtgekomen, maar naar de dokter gaan vond ze niet nodig.

Ik vraag haar of Nico en Evelien wel echt op het conto van haar vader geschreven konden worden. Maar dat weet ze zeker. En ook de later geboren Marijke en Ingrid waren van hem. 'Dat waren volbloed halfzusjes van mij.'

Ik heb mij er altijd over verbaasd hoe weinig die twee op elkaar leken. Ingrid, de jongste, blond steil haar, zwaargebouwd en sprekend haar moeder. Marijke, die juist veel meer weg had van mijn moeder. Knap, slank, en met donkere krullen, alsof ze zo van een affiche voor een Spaanse flamencovoorstelling af was gestapt.

Het zal toch niet...? Zou haar vader zich nog een keer de kaas van het brood hebben laten eten? Mijn moeder wist zo goed als zeker dat haar jongere tweelingbroers Jan en Sjaak het resultaat waren van een kort samenzijn dat haar moeder had gehad met zijn oudste broer Nelis. Jaren later gingen ze ook steeds meer op hem lijken.

'Ach ja, Nico,' zegt ze plots, vanuit het niets. 'Die jongen was gewoon op.'

Hij was op, dezelfde diagnose die ze over mijn vader stelde, kort nadat hij was overleden.

Volgens mijn moeder raken mensen op. Zoals een pak melk, een bakje kattenvoer of een zak nootjes.

Ze heeft haar koffie op en wil nog even over de Cuyp. Vandaag staat haar favoriete schoenenkraam er weer. Ze vraagt of ik meega maar ik zeg haar dat ik al schoenen heb. Ik vraag haar of ze niet vergeet dat ze zo dan nog even naar de winkel komt.

'Natuurlijk niet,' zegt ze, bijna beledigd, alsof dat haar ooit zou kunnen overkomen.

Er is een foto waar mijn vader op staat, met zijn vader, zijn stiefmoeder, zijn drie broers en zijn halfbroer en -zuster. Het moet tijdens een trouwerij zijn geweest. Ze zijn gefotografeerd op de binnenplaats van wat nu The Grand Hotel is aan de Oudezijds Voorburgwal. Tot 1992 was dit het stadhuis, waar ook mijn vader en moeder elkaar op 1 mei 1954 het jawoord hebben gegeven. Zij twintig. Hij vijfentwintig. Ook daar zijn foto's van.

Opvallend aan iedere opname waar mijn moeder op staat, is dat ze er niet blij op kijkt, maar soms zelfs beteuterd.

Het aanhoren van de ambtenaar: bedachtzaam.

Mijn vader stralend van geluk. Zij kijkt naar de grond.

Tijdens het zetten van haar handtekening lijkt zij met haar gedachten ergens anders, terwijl mijn vader achter haar een grapje maakt tegen zijn broer Ab. Opa Lachen in spe.

Op de foto waarop beiden het trouwboekje vasthebben, lacht mijn vader zijn tanden bloot. Nu ik er goed naar kijk, zie ik dat-ie een spleetje tussen zijn voortanden had. Ik herinner mij hem alleen met een kunstgebit. Mijn moeder kijkt verbaasd naar het boekje, ietsjes afstand nemend, alsof het een object is uit een andere wereld. Misschien was dat ook wel zo in haar geval.

Lieve hemel, wat was ze mooi.

Later hoor ik waarom ze niet blij was. Hun huwelijksnacht bestond uit een kus in zijn portiek: een nacht samenzijn als man en vrouw was er toen niet bij. Geld voor een hotel was er niet. Ook moesten ze apart van elkaar thuis blijven wonen. Hij bij zijn vader en stiefmoeder. Zij bij de hare. Pas een jaar later vonden ze hun huis in de Eerste Jacob van Campenstraat.

Ik bekijk de familiefoto weer van die andere trouwerij. De vader van mijn vader, mijn vader en zijn drie broers, Klaas, Ab en Jean, bij elkaar, een kleine ruimte openlatend tussen hun halfbroer Joop, stiefmoeder en -zus Riekie. Alsof ze er niet bij willen horen. Maar misschien was het wel andersom.

Van de zondagmiddagen die op de Govert Flinckstraat 152 werden doorgebracht, herinner ik mij diezelfde tweedeling. De echte broers Hamersma op stoelen of kratten bier aan de ene kant van de kamer. Luidruchtigheid. Metaalbewerkers.

Zware shag. Hun vader in zijn leunstoel tussen hen in, een bedachtzaam bastion van smeulende Caballero. Hun veel jongere, nog thuiswonende halfbroertje dat verwoede pogingen deed om erbij te horen. Zwart haar, glimmend van de Brylcreem, vetkuif, *the sixties look*. Zwarte puntschoenen. Steeds nieuwe plaatjes opzettend in zijn tussenkamertje. Chubby Checker. Elvis Presley.

'Teringherrie!' riepen zijn halfbroers. 'Zet even "Take Five" van Dave Brubeck op.' Jazz. Ze waren meer van de jazz. En van Frank Sinatra.

Chagrijnig gezicht. Daar kon-ie niet op twisten, een dansje dat hij op die zondagmiddagen eindeloos aan het oefenen was.

Later heeft mijn vader definitief met hem gebroken. Er was iets gebeurd. Maar hij heeft mij nooit willen vertellen wat.

Het stiefzusje dat op die zondagmiddagen stilletjes voor zich uit keek, met haar handen in de schoot, friemelend aan een wit zakdoekje. Alsof ze er ieder moment mee kon gaan zwaaien, ten teken van overgave. Ze was in alles het evenbeeld van haar moeder. Al was haar moeder dan niet met opa Hamersma getrouwd, om het voor mijzelf nog een beetje overzichtelijk te houden noemde ik haar ook maar 'oma Hamersma'.

Hoe ik ook mijn best doe, ik kan mij helemaal niets meer van oma Hamersma herinneren. Terwijl we er toch ten minste twee keer per maand op visite kwamen. Nog steeds niet. Behalve dat ik een keer een kop groentesoep van haar kreeg waarvan ik de gehaktballetjes te veel naar nootmuskaat vond smaken. En dat ze op een dag dood was. Al weet ik bij god niet meer wanneer dat was. Toen ik het laatst nog aan mijn moeder vroeg, zei ze dat ze daar even over na moest denken.

Wel herinner ik me de wandeling terug uit de Govert Flinck naar de Jacob van Campen. Mijn vader hield mijn hand vast. Al rookte hij zelf niet, zijn overjas had dat wel gedaan. Mijn moeder achter de kinderwagen waar mijn broertje in sliep.

'Dat was weer gezellig, hè?' zei mijn vader tegen haar.

Zij had die hele middag net zo stilletjes op een stoel gezeten als zijn stiefzusje.

7

De bovenburen

'Har, ga je mee vissen?'

De flarden van de droom vervlogen waarin ik als boordschutter van een Bristol Beaufighter bommenwerper in gevecht was met een Duitse Stuka en een Japanse Zero in het luchtruim boven mijn bed. Het was vier uur in de ochtend en mijn vader schudde mij zachtjes wakker. De vliegtuigjes bewogen nog langzaam heen en weer aan hun nylon draadjes door de minieme luchtverplaatsing die hij had veroorzaakt door de deur open te doen. Het waren plastic bouwpakketjes van het merk Revell, waarvan ik er af en toe eentje kreeg. Soms kocht ik ook zelf een exemplaar met de stuivers en dubbeltjes die ik bij elkaar gespaard had door de in de buurt opgehaalde oude kranten in te leveren bij Schilder, de visboer op de Albert Cuyp. Die staat er trouwens nog steeds. Mijn vrouw is er vaste klant.

Eindeloos kon ik rond mijn mogelijke keuze dralen bij Verhaar op de hoek van de Saenredamstraat en de Frans Hals. Inmiddels zit daar Café Franz, een hedendaags eetcafé met veel aandacht voor avocado en met houten picknickbanken op de stoep. Destijds was het een winkel die nu conceptstore zou heten, een winkelgedachte waarin tegenwoordig met name De Pijp uitblinkt. Er werden nieuwe en gebruikte boeken verkocht en het fungeerde als bibliotheek. Daarnaast voorzag het assortiment in bouwpakketten, bollen wol, speelgoed en klein gereedschap. De eigenaar was een man van middelbare leeftijd in een beige stofjas die hem een vorm van autoriteit verschafte. Als ik tussen de houten stellingen scharrelde, hield hij mij nauwlettend in de gaten. Verstandig van hem. Ik was soms van plan wat te pikken – ik wilde graag de B-25 hebben, de bommenwerper die in 1942 al Tokio had gebombardeerd – maar ik durfde niet.

Hoe oud zal ik toen zijn geweest? Ik denk een jaar of tien. Ik voelde mij uitverkoren omdat mijn vader mij meevroeg en niet mijn broer. Hij was nog te klein. Jeroen was een overactief kereltje. Nog steeds trouwens. Al neem ik dat 'kereltje' terug: hij is bijna twee meter en weegt 120 kilo. In ieder geval vond hij vissen saai. Stilzitten was een vereiste. En dat kon-ie geen seconde. Hij ging heen en weer lopen langs de waterkant. Stampen volgens mijn vader. Of steentjes in het water gooien.

'Maar ik jaagde de vissen juist naar je toe, pap,' huilde hij, nadat hij een ros met een deel van een hengel had gekregen.

Het voelde als een geheim genootschap, mijn vader en ik. Mannen onder elkaar. We fluisterden aan de keukentafel en dronken een kop thee.

'Zachtjes doen voor mama hè.'

Het restant van de thee, met veel suiker en melk, schonk mijn vader over in een thermoskan met camouflagedessin, waardoor later op die dag theedrinken plots iets avontuurlijks kreeg. De stapel boterhammen in de papieren zak van de bakkerij verderop in de straat. UITVERKOREN! BROOD VAN HOOGENDOORN. Eerst tilde mijn vader geruisloos zijn fiets van eenhoog de trap af. De mijne, de rode Juncker met de kwastjes aan de handvatten die ik voor mijn negende verjaardag had gekregen, volgde. Tweedehands, bleek later. Op de stoep, nog in het halfduister, tuigden we de fietsen op. Mijn vader vulde de zijtassen met een leefnet, klapstoeltjes, hengelsteunen en het viskoffertje, een soort gereedschapskistje met vakjes vol haken, spinners en kunstaas. De foedralen met hengels bonden we om de liggende stang van de fiets. Ik voelde me stoer. Het schrijnen aan de binnenkant van mijn rechterdij, ontstaan door het schuren van het foedraal, probeerde ik te negeren.

We fietsten door de nog doezelende stad. Door de Ferdinand Bol. Langs Goezinne waar mijn ouders na hun trouwen in 1954 op afbetaling hun eerste servies kochten. Langs Duyvené & Remmers dat jaren later als Megapool failliet ging. HEMA, u welbekend. Kreymborg, voor al uw saaie kleding. De Gruyter, waar ik als peuter nog een keer met mijn vinger klem had gezeten tussen de lopende band. Verderop de Ceintuurbaan op, al vreemd terrein. De Van Wou- en de Rijnstraat door. De Pijp uit. De Utrechtsebrug over. Het eindeloze fietspad volgend. Naar Bon om een bootje te huren. Het ochtendgloren tegemoet.

Maar eigenlijk hield ik ook niet van vissen. Eindeloos kon

ik turen in het emmertje aarde met de door mijn vader zelf gestoken wormen. Dubben over welke ik zou nemen. Wat had die worm misdaan dat ik 'm moet laten sterven? Waarom koos ik deze en niet die andere?

'Pap, heeft-ie echt geen pijn?' vroeg ik als ik de vleessliert, na veel getreuzel, uiteindelijk toch aan mijn haak liet kronkelen.

'Hij heeft geen gevoel, Har.'

'Maar waarom gaat-ie dan zo tekeer?'

'Dan zien de baarzen hem beter.'

De inzet van aasvisjes leidde tot nog grotere gewetensnood. Nadat mijn vader met speels gemak vele voorntjes uit de trekgaten tussen de eilanden in de Vinkeveense Plassen had gehengeld, jaste hij vervolgens zonder plichtplegingen een haak door zo'n prachtige, nog van water glinsterende rug.

'Dan denkt een snoek dat-ie gewond is.'

Ik wilde tegen hem zeggen dat dat ook zo was. Een haakje door de bovenlip van een vis slaan, onzichtbaar onder het water, kon ik nog wel. Maar daarna het dier in mijn hand nemen om vervolgens op deze manier zijn doodvonnis te tekenen vond ik verschrikkelijk. Ik had het een keer gedaan en wist zeker dat ik destijds de pupil in het vissenoog groot van schrik zag worden toen het de grotere haak ontwaarde.

Dan was daar nog de ongewenste competitie waarin ik belandde. Waar mijn vader zijn hengel ook uitgooide, de vissen hielden van hem. Ik ving niks. Ook niet als we van plek wisselden. Of als hij mij zijn hengel gaf. Als er per ongeluk toch eens eentje toehapte, trok ik 'm uit het water met een haak door een oog in plaats van elegant door zijn lip zoals bij mijn vader. Of ik wachtte te lang met ophalen ('Volgens mij heb je beet, Har...'), zodat het diertje aas en haak al achter in zijn maag had zitten. Het verwijderen verliep via een operatie waarbij hij de patiënt zonder verdoving van al zijn ingewanden ontdeed. Mijn vader wilde zijn haakje terug.

'Hij heeft geen gevoel, jongen.' En hij gooide het aangeslagen dier met een zwierig gebaar weer overboord. 'Zo, ga jij maar weer zwemmen.'

Een paar minuten later verscheen de vis aan de oppervlakte, met de buik omhoog, een paar keer zachtjes wenkend met zijn kieuwen. Het bleek voldoende aansporing voor een aanpalende reiger.

De keer dat mijn vader ging zeevissen, ging ik niet mee. Hij kwam opgewonden terug, met in iedere hand een vuilniszak tot aan de rand toe gevuld met makreel. Hij had zich niet gerealiseerd dat we die nooit allemaal zouden kunnen opeten. En een diepvries hadden we niet. Wel Surinaamse bovenburen die altijd dankbare afnemers waren van alles wat mijn vader op het droge wist te trekken. En een verdieping hoger woonde het echtpaar Jansen, en dat had het niet breed. Hij had iets aan zijn hart en kon niet werken. Zij werkte halve dagen als schoonmaakster, dus had ze vast wel een halve dag over om voor henzelf een zak met verse makreel schoon te maken. En mijn vader wist voor ons nog een gerecht in het kookboek *Vis en schaaldieren in de internationale keuken* dat wij voor Vaderdag bij De Slegte hadden gekocht. Daar kregen we meteen spijt van.

'Nee' zeggen tegen zijn interpretatie van gepocheerde makreel was geen optie. 'Ik lust het niet' evenmin. 'Ik heb geen honger' kon een knal voor je kanis opleveren. We wisten immers niet wat honger was. Want 'honger had je in het Jappenkamp'. Bovendien: zij hadden de Hongerwinter meegemaakt. En daar kwam weer het verhaal van de bloembollen en de hond van mijn moeder die op tafel verscheen. Kortom, ons bord moest leeg.

'Jongen, stel je toch niet zo aan! Een graatje is toch niet zo erg?'

'Nee, maar een mond vol wel.'

Corrigerende tik.

De zondag na de patriarchale pocheerinspanningen werd er op onze deur geklopt: tante Nettie, onze Surinaamse bovenbuurvrouw, had nog een pannetje roti-makreel over.

Regelmatig lopen mijn vrouw en ik door het Sarphatipark, op weg van huis naar de winkel of vice versa. Rondje voor het hondje. Ondanks de hufterproof fitnesstoestellen die er inmiddels zijn geplaatst en het ontstane schisma (honden ja-honden nee) is er niet veel veranderd. Ook als de zon volop schijnt laat de schaduw zich maar moeilijk verjagen. De rododendrons somberen er ogenschijnlijk meer dan in andere parken. De gazons blijven zompig.

Met mijn vader mee naar het park gaan, voelde als een avontuur. Niet zozeer omdat-ie mij attendeerde op de daar mogelijk actieve kinderlokkers maar omdat we er watervlooien gingen vangen. De meeste wist hij te zitten in de poel met donker water achter de in verhouding te hoge houten brug aan de oostkant van het park. Eropaf. Hand in knuist. In mijn andere een klein plastic emmertje met deksel, waarin mayonaise had gezeten. Als ware hij de hoofdman van een stam hield mijn vader een bamboestaak fier rechtop. Geen gesnelde kop erop gespietst zoals ik dat weleens had gezien in een bibliotheekboek over de Dajaks uit Borneo, maar een schepnet dat hij had gemaakt door in het open uiteinde van de stok een rond ijzerdraadje te klemmen met de afgeknipte voet van een oude nylonkous van mijn moeder eraan. Met krachtige halen bewoog hij dat door het water, niet veel later tevreden het vochtige, levende kluitje inspecterend dat hij in de palm van zijn hand liet rusten. Watertorretjes eruit, de rozerood transparante watervlooien in het emmertje. Op weg naar de veel warmere wateren van een tropisch aquarium.

Mijn vader en vissen. Hij wilde ze ook op eenhoog om zich heen hebben. En waar hij de diertjes in de vrije natuur met haken, bekklemmen en ontschubmessen te lijf ging, vertroetelde hij ze in huiselijke kring. Maar dan moesten ze wel uit een ander land komen. Naast speciaal droogvoer, dat vagelijk rook als het nijlpaardenhuis van Artis, gaf hij ze de eigenhandig gevangen watervlooien. En tubifex – wriemelende wormpjes die in leven werden gehouden door gestaag een dun straaltje water in hun tijdelijke habitat te laten lopen – in een jampotje onder de kraan. Mijn moeder leerde het nooit: niet zelden draaide ze de kraan dicht, waarna de keuken geleidelijk aan begon te geuren als een sloot met stilstaand water in de zomer.

Op zijn werk had mijn vader met hoeklijn een loodzwaar aquarium gelast dat hij minutieus laag voor laag van menie had voorzien. Er moest immers water in, en over de werking daarvan op ijzer hoefde je hem, als ex-marinier, niets te leren. Vloeken had hij ook in dienst geleerd. Het getier toen de centimeters dikke glazen ramen op sommige plekken toch niet helemaal waterdicht bleken... Uiteindelijk werd het enorme bouwsel op een verhoging van nog zwaarder staal tegen een wand in ons tussenkamertje geplaatst. Gelukkig aan de kant van mijn broer, waardoor niet ik maar hij het grootste deel van zijn speelgoedkast moest inleveren. Zo kon mijn vader er aan de achterkant makkelijk bij. Nadat hij een stuk uit de hardboard muur had gezaagd, kregen de tropische vissen uitzicht op onze zitkamer. En wij op hen. Al zaten we bijna nooit in de zitkamer, want televisie hadden we nog niet en we aten in de keuken.

Het was een bonte verzameling die in een paar weken tijd aan het oog onttrokken werd door de groene waas die zich iedere keer weer aan de binnenkant van de ruiten hechtte. Geduldig schraapte mijn vader deze met een scheermesje aan een bamboetwijgje schoon. En dan waren ze weer een tijdje te bewonderen, in hun kleurige pracht en praal. Het majestueuze maanvissenpaartje. De familie Black Molly. De lichtgevende school Neontetra's. De Chinese Danio's. En de guppy's, het voetvolk onder de tropische vissen. De mannetjes met hun overdreven kleurige, vlaggende staart, vaak groter dan hun lichaampje. De vrouwtjes immer zwanger, honderden miniguppy's uit hun achterste blazend, die veelal als voer dienden voor de overige aquariumbewoners.

Af en toe dobberde er een met zijn buik omhoog aan de oppervlakte, vaak nadat hij eerst enigszins slagzij makend door de bak had gezwommen. Had de bewoner heimwee? Dat ik mijn vader eens ongevraagd de diagnose gaf dat het maanvisvrouwtje (lievelingetje van 'm) waarschijnlijk aan een tropische ziekte was overleden werd mij niet in dank afgenomen.

Net als ik spaarde mijn vader ook, om af en toe naar een ander adresje in de Frans Halsstraat te kunnen, naar een specialist in tropische vissen die over de hele lengte, breedte en hoogte aquaria had gestapeld. Koolwijk heette die, een naam die ik destijds al toepasselijker vond voor een groenteman.

En zoals ik draalde bij Verhaar bij het kiezen van mijn Revell-vliegtuigbouwpakketten, zo dwaalde hij bij Koolwijk tussen de bakken lauwwarm water. Wikkend, wegend, aarzelend. Gouden zwaarddragers. Of toch de zwarte? Discusvissen of cichliden? Sluierstaarten of zebravissen? Uiteindelijk liep hij met zijn vangst behoedzaam naar huis, waarna hij de nieuwe bewoners langzaam aan de andere liet wennen door het zakje waarin hij ze vervoerd had een uurtje in de bak te laten dobberen.

Ik had het idee opgevat om op een dag de drie roodwangschildpadjes ook voor te stellen aan die bonte verzameling van mijn vader. Bovendien hadden ze dan wat meer ruimte om te zwemmen in plaats van dat pootjebaden in het plastic bakje met dito palmpje dat enigszins verloren op de hoek van de schoorsteen stond.

Misschien was mijn vader te verdrietig, te geschokt wellicht, om mij te straffen toen hij de aanblik zag van de aangevreten staarten en twee roodwangen die nog in een hevige strijd verwikkeld waren om het karkas van een Black Molly.

8

De Ruysdaelkade langs

Toen mijn vader was overleden heb ik een dag doorgebracht met het bellen van goede doelen om alle automatische afschrijvingen stop te zetten die er in de loop der jaren ingeslopen waren. Mijn vader moest het bijna zijn hele leven met één long doen, maar hij bleek een groot hart te hebben, eentje met vele kamers. Daarin trof ik onder andere zielige zeehonden, nooddruftige katten, blindengeleidehonden en hongerige bejaarden in Roemenië. Wat dat laatste betreft: van wat mijn moeder na zijn dood aan de vogels achter hun appartement heeft gevoerd, had waarschijnlijk een heel dorp een jaar lang kunnen eten.

'Weet je wat het is, Har? Oude mensen eten niet zoveel.'

Ze serveerde me weer haar belangrijkste mantra.

Waar maken ze zich druk om in Roemenië, vraag je je dan af.

Toen het in de zomer van 2019 zo warm was, las ik dat ook de dorstprikkel bij ouderen afneemt. We dienden alert te zijn voor uitdroging, zo waarschuwde de krant. Bij mijn moeder hoeven we niet te vrezen dat haar bladeren gaan hangen. Iedere week verdwijnt er in haar schoudertas wel een fles wijn die na een proeverij in de winkel van mijn vrouw is overgebleven. Als ze met de fiets komt, pakt ze het grootschaliger aan. Dan stopt ze er drie in iedere zijtas. 'Dan blijf ik lekker in balans.' Ze drinkt regelmatig een glaasje met haar overbuurvrouw, mevrouw Kaptein. Laten we het in haar geval een oorlam noemen.

'Ik wil wel gewoon met de Postcode Loterij blijven meespelen,' besloot ze. 'Dan help ik ze allemaal en misschien win ik dan wel weer wat.'

Er stond al drie jaar een troostprijs, een blik stroopwafels, onaangeroerd op haar dressoir.

Nadat ik me manmoedig door 'druk een 1', 'de gemiddelde wachttijd bedraagt tien minuten' en zalvende stemmen heen had gewerkt om alle goede doelen op te zeggen, vroeg mijn moeder of ik ook nog even haar abonnement op *Het Parool* wilde opzeggen. De herziening van de vormgeving ergerde haar, met name de nieuwsfoto die een dubbele pagina besloeg. Ze wees mij op een foto waarop honderden demonstranten in Hongkong stonden met op de achtergrond vele haast identieke flatgebouwen.

'Walgelijk,' oordeelde ze.

Ik probeerde uit te vinden wat haar zo stoorde. Maar het bleek tevergeefs.

'Het is me gewoon te groot,' zei ze uiteindelijk.

Ik merkte dat ik voor de krant begon te pleiten. *Het Parool* was haar hele leven al haar krant. In ieder geval mijn hele leven. Ik zag mezelf weer als tienjarige aan de keukentafel zitten in de Jacob van Campenstraat. Het ritueel: het breed uitvouwen van de hele krant over het tafelblad, toen nog op groot formaat; 'Kronkel'; de pagina van Jeanne Roos. Ik wilde lezen en deed ook precies wat de krant mij opdroeg: HET PAROOL, LÉÉS DIE KRANT! De mooiste slagzin die er bestond. Hij stond in de krant zelf. Op de zijkant van de tram. Op bushokjes. Tijdens een tafelspeech bij het columnistendiner dat jaarlijks wordt gehouden, heb ik opgebiecht dat ik een traantje moest wegpinken toen ik in 1999 werd gevraagd om voor de krant te gaan schrijven. Míjn krant.

Mijn moeder keek ervan op toen ik haar dezelfde foto van de protesterende bewoners van Hongkong op mijn tablet liet zien.

Of ze misschien ook een iPad wilde? vroeg ik haar. 'Dan is zo'n foto ook meteen een stuk kleiner.'

Het was een retorische vraag. Het bedienen van elektronische apparaten is niet haar forte. Haar abonnement heb ik niet opgezegd. Abonnee op *Het Parool* ben je voor het leven.

Ik was tien jaar toen ik per se een kinderwagen wilde hebben. Mijn vriend Jos, die pal achter ons in de Quellijnstraat woonde, had er al een.

'Ik heb een kinderwagen!' had hij mij vanuit zijn raam toegeschreeuwd. Het galmde door de binnentuin. Dat er niet veel later ergens een baby begon te huilen, zal toeval zijn geweest.

Al weken was ik ernaar op zoek. Op vuilnisbakkendag maakte ik extra vroeg een rondje. Ik speurde de Ruysdael- en de Stadhouderskade af of er ergens misschien eentje in gegooid was. Bijna dagelijks ging ik naar de vuilnisboten vlak bij de Heineken Brouwerij. Maar steeds tevergeefs. Even overwoog ik om de kinderwagen te laten verdwijnen uit het trapportaal waarvan de deur vaak openstond. Daar hing-ie boven in het trapgat aan de muur alsof het een jachttrofee was. Maar ik durfde niet.

Van mijn moeder kreeg ik haar tramkaart om naar tante Bets in Amsterdam-Noord te gaan. Mijn wens was uitgekomen: zij had een kinderwagen in de schuur. Ik had een pakje koetjesrepen voor haar meegekregen. Het leek mij een goede ruil. Eindelijk zou ik ook mijn eigen kinderwagen hebben, waarvan ik het onderstel zou gebruiken om stapels opgehaalde kranten op te leggen die ik dan moeiteloos naar de visverkopers op de Albert Cuyp kon rijden.

Tante Bets legde uit dat het een Engelse kinderwagen was, een model met twee grote wielen achter en twee kleine voor. Ik maakte een proefritje over de Ranonkelkade. Het linkervoorwiel zwabberde een beetje. Het was dan ook geen nieuwe: mijn neef Karel die er als baby in had gelegen, werkte al drie jaar in de haven als bevrachter. Op de pont keken twee dames nieuwsgierig in het bakje. 'Je bent 'm toch niet verloren?'

Op het Centraal Station mocht ik van de conducteur er niet mee op lijn 16 stappen. Ook niet toen ik aanbood om nog een kinderkaartje te kopen.

Een rechte weg. Damrak. Rokin. Vijzelstraat. Vijzelgracht. Ferdinand Bolstraat. Een jongen van tien achter een kinderwagen. Ik voelde me een held.

‘Mevrouw, heeft u nog oude kranten?’

Aanbellen. De trappen omhoog hollen.

‘Rustig maar jongen, er is toch geen brand?’

Een stapel mee. Soms een toffee van Jamin. En de groeten aan mijn moeder.

‘Jij bent er toch een van Janny?’

Trots was ik als iemand wist wie zij was.

‘Ik zou mijn vis niet in een *Telegraaf* willen hebben,’ zei mijn vader terwijl hij naar de stapel kranten op mijn kinderwagen keek. ‘Die waren fout in de oorlog.’

Ik legde er een *Parool* bovenop.

Bij de viskraam van Schilder hadden ze geen boodschap aan de oorlog. Misschien wel omdat ze zich dagelijks op het slagveld bevonden, de laarzen soppend in de laag bloed en slijm achter de kar. Hun blikken net zo gevoelloos als die van de vissen op de snijplanken. Het routineuze gebaar waarmee kop, graten en ingewanden in de kiepelton verdwenen. Een knik met een hoofd waar ik de kranten neer kon leggen. Een dubbeltje als dank. Als ik weleens met mijn vader aan de stal kwam, herkenden ze me niet.

Toen ik zestien was, kreeg ik vijfendertig cent per krant. Ik moest ’s ochtends *de Volkskrant* gaan bezorgen om mijn lichtblauwe Puch te kunnen afbetalen. Ik weet nog wat de letter-cijfercombinatie van het verzekeringsplaatje was. Ook al mijn eerdere telefoonnummers en de kentekens van de auto’s die ik heb gehad, kan ik mij nog herinneren. Misschien had ik wel chirurg kunnen worden of piloot als die ruimte in mijn hersenen voor belangrijker zaken beschikbaar was geweest.

Bij mijn krantenwijk in de Concertgebouwbuurt hoorde ook een plek waar ik de kranten los mocht verkopen. Door de week liep ik voordat ik naar school reed 's ochtends in alle vroegte tussen de auto's door die voor de kruising Amstelveenseweg-Koninginneweg-Zeilstraat voor het stoplicht stonden te wachten. Ik had een Engelse film gezien waarin een krantenverkoper het meest verschrikkelijke nieuws schreeuwde om de mensen te bewegen een exemplaar bij hem te kopen. Dat vond ik een goed idee.

'Vulkaanuitbarsting dreigt in Limburg!'

'Kindermoordenaar ontsnapt!'

'Kettingbotsing eist 58 levens!'

Fake news is van alle tijden.

Ik ben ermee gestopt toen iemand de volgende dag zijn vijfendertig cent terug wilde, teleurgesteld als hij was dat er geen pont was gezonken in het IJ.

Lucratiever was het om zo lang te wachten met het teruggeven van wisselgeld tot het stoplicht op groen sprong – 'met een stuiver maakt dat veertig, nu nog even die zestig cent zoeken, hebt u er toevallig vijftien cent bij dan krijgt u van mij drie kwartjes' – en er ongeduldig werd getoeterd. Voor de man die altijd *De Telegraaf* wilde hebben, pikte ik er eentje uit een brievenbus in mijn wijk. Ik vroeg me af of hij ook fout was geweest in de oorlog. Hij had er de leeftijd voor. Bovendien reed-ie in een Mercedes.

In het blok van De Pijp dat begrensd wordt door de Stadhouderskade en de Albert Cuypstraat heeft de uitbreiding van de Heineken Brouwerij in 1930 ervoor gezorgd dat er nu sprake is van een Eerste en een Tweede Jacob van Campenstraat. De Quellijnstraat eindigt in een bochtje in de Gerard Doustraat. De Daniël Stalpert lost op in de Eerste Van der Helst. En de Saenredamstraat reikt niet verder dan de Ferdinand Bolstraat.

De Gerard Dou is de langste straat. Evenals de andere straten begint deze pas bij de Ruysdaelkade te tellen maar je bent pas uitgeteld bij de Nicolaas Berchemstraat, een straatje dat nauwelijks straat mag heten. Het is meer een kronkeltje, pal achter de Van Woustraat, dat de Stadhouderskade verbindt met het laatste stukje Albert Cuypmarkt.

Vroeger meed ik de Gerard Dou als de pest: de broertjes Stolwijk regeerden er. Grove, botte, blonde jongens, met permanent een dreiging in hun ogen. Had er destijds een televisieprogramma als *Oh Oh Cherso* bestaan dan hadden ze daar op latere leeftijd zeker een hoofdrol in gespeeld.

Eén keer in de twee weken mocht ik friet en kroketten halen. Op zich een feest, omdat mijn moeder dan niet kookte, maar de snackbar was in de Gerard Dou. Niet ver van een van de vele winkels van Duikelman, bedevaartsoord voor liefhebbers van exclusieve keukenattributen. In de snackbar stond een dampend, overborrelend frituurorgel dat bespeeld werd door een klein mannetje in een witte jas, met altijd een smeulend peukje in zijn mondhoek. Alsof hij nog niet voldoende rook binnenkreeg.

Bart en Bert Stolwijk woonden precies op de hoek van de Gerard Dou- en de Frans Halsstraat. Een strategisch punt. Komen en gaan konden daarvandaan precies in de gaten gehouden worden. Als ik bofte, zagen ze me niet. Of waren ze bezig: bij vliegen vleugeltjes uittrekken, stront op de ramen van een benedenhuis smeren, een muis besproeien met wasbenzine om 'm daarna in brand te steken. Er was altijd wel wat voor ze te doen in de buurt. Zo ook de grote zak patat van een gulden uit mijn handen slaan en de kroketten plattrappen. Thuis durfde ik het niet te vertellen en zei ik dat ik het geld verloren was.

De schaamte die ik voelde. De lafheid. Ik was geen vechtersbaas. Met een nieuwe rijksdaalder die van mijn zakgeld werd afgetrokken toog ik naar een andere snackbar in de Eerste Van der Helst, waar de friet lang niet zo lekker was.

De dag dat mijn kinderwagen verdween tijdens het oude kranten ophalen, waren de broertjes ook in de buurt. Ik wist dus waar ik de daders moest zoeken, maar durfde niet.

Een paar dagen later zag ik de broertjes van de brug van de Albert Cuyp omlaag scheuren op een zeepkist waarvan het linkervoorwiel zwabberde. De bestuurder van lijn 16 die eraan kwam, liet zijn bel vrolijk rinkelen en zwaaide naar ze. Op de zijkant van de tram stond HET PAROOL, LÉÉS DIE KRANT! – een aansporing die ik niet nodig had als ze er met zeepkist en al onder zouden komen.

9

Op het Picoplein

Toen ik negen was won ik op camping De Molshoop bij Hilversum, waar we elke zomer met de familie naartoe gingen, de derde prijs bij een tekenwedstrijd. Ik had de deskundige jury, bestaande uit de baas van de camping, de man die de bingoavonden organiseerde en een mevrouw die in het kampwinkeltje stond, weten te overtuigen met mijn interpretatie van 'berglandschap met toeristenbus'. Mijn inspanning werd beloond met een plat, dofglanzend blik met een dozijn Caran d'Ache-kleurpotloden. De potloden waren keurig op kleur gerangschikt. Punt naast punt. Allemaal exact dezelfde lengte. Ik heb ze aan mijn broer gegeven. Hij ging er cowboys en indianen mee tekenen en gooide een klappertjespistool naar mijn hoofd toen ik zei dat-ie met wat hij tekende nooit een prijs zou winnen.

Meedoen aan de tekenwedstrijd was een vergissing. Ik verveelde me. Het regende al de hele week. Het voetbalveld stond onder water. Ronald, mijn lievelingsneef, had een jongen van zijn eigen leeftijd ontmoet.

Ik deed mee aan de tekenwedstrijd in de kantine omdat mijn moeder zei: 'Je krijgt er een gratis flesje fris.'

De kantine was een zomerhuisje waarin de campingbaas tafels met plastic kleedjes en een schragentafel had neergezet. Daarachter waren aan de wand ruwhouten planken bevestigd vol flesjes Chocomel, Green Spot en Exota. Voor de vaders was er bier. En voor de moeders zoete witte wijn en medium sherry.

Ik zat er te tekenen, maar ik wilde eigenlijk schrijven. Later, toen ik een jaar of dertien was, fantaseerde ik over het schrijverschap. Dan zag ik mezelf op een zolderkamer zitten, verlicht door de maan en een gloeilamp boven een kale tafel, met daarop een indrukwekkende, zwarte schrijfmachine. Daarachter zat de eenzame schrijver, tikkend, met handschoenen zonder vingers om de ergste kou uit zijn palmen te houden, want een kachel brandde er natuurlijk niet en er was een stuk uit de ruit. Hij nam een slok whisky, een trekje van zijn sigaret, blies de rook, diep peinzend, naar de lamp en begon weer driftig te tikken. Dat had ik waarschijnlijk een keer in een Amerikaanse film gezien.

Er draafden woorden door mijn hoofd en die moesten eruit. Vanaf onze stoep bij de Esso-pomp annexeerde ik langzaam de Jacob van Campenstraat met stoepkrijt. Letters schrijven. Geconcentreerd, met de tong uit mijn mond en een oude krant onder mijn knieën, begon ik secuur de middenstand te duiden. Garage. Slijterij. Glashandel. Aan hinkelbaantjes maken deed ik niet. Dat was met cijfers en bovendien iets voor meisjes. Met spijt zag ik de eerste regendruppels in de poederige letters ploffen en langzaam de putten in spoelen, de kleuren vermengend tot één. Weg was het resultaat van het ingespannen inkleuren. Wat me vooral stoorde was dat ik niet meteen opnieuw kon beginnen, omdat de straat nog vochtig was. Ik voelde opwinding toen de groenteman mij vroeg om zijn aanbod op de krijtbordjes te schrijven. Spruitjes. Boerenkool. Eigenheimers. De gemengde gevoelens wanneer hij mijn 'aardbeien' met een fluks gebaar van zijn kiel wegveegde om plaats te maken voor door hemzelf geschreven 'bloemkolen'.

Met mijn moeder ging ik naar de HEMA in de Ferdinand Bolstraat, een filiaal dat in de jaren dertig verrees op de plek waar eerst een jongensschool stond. Ik wilde per se een eigen schrift, een eigen multomap en een eigen opschrijfboekje. Bijna opgewonden liep ik over de afdeling met schrijfwaren. Ik ging met een vinger over de smetteloze kaften, zocht etiketten uit waarop ik straks mijn naam zou schrijven en wreef met mijn duim over de plastic ruggen van de blocnotes – glanzend rood, en nog ongerept. Mijn moeder monsterde ondertussen de handdoeken.

'Kom, laten we een saucijzenbroodje gaan eten.'

Het tevreden gevoel dat ik had als dat nog krokant bleek te zijn. Kruimelend wierp ik een besmuikte blik op de vleeskleurige bh's die zich ongegeneerd presenteerden, zachtjes bungelend aan de roestvrijstalen rekken.

Terug naar huis over het Ferdinand Bolplein. Het 'Picopleintje' zoals de taxichauffeurs het noemden, die er hun standplaats tegenover Café Pico hadden. Het was niet druk, het was woensdagmiddag, het was mooi weer. Verveeld hingen ze er tegen hun Mercedessen 190D, de dieselende werkpaarden, of hun slagschipgrote Amerikanen met hun dikke leren stoelen. Een half praatje hier, een vriendschappelijke schouderklop daar, toch maar even de olie controleren. Je moet toch wat. Fluiten – natuurlijk – naar een jonge vrouw die uit de telefooncel stapte. Bij Pico werden de glazen gespoeld, in afwachting van wat komen ging. Mijn vader en ik kwamen er soms. Als het huishoudbudget het toestond om chinees te halen bij Kwong Nan, schuin aan de overkant, nam hij er een tapbiertje, in afwachting van de nasi speciaal die in onze zelf meegenomen pannen werd geschept. Het werd helemaal feest als ik later een extra stokje bleke saté kreeg dat de nasi zo speciaal maakte.

De Skol uit een flesje dat Kwong Nan serveerde, bliefde hij niet: 'Chinezenbier'.

'Een chocomelletje voor de kleine jongen?' Met bewondering keek ik hoe de barvrouw, die mijn vader 'tante Corrie' noemde, met een geroutineerde beweging van haar pols het kleine flesje schudde, behendig de kroonkurk eraf wipte en de inhoud in een glaasje leegklokte. Echte Chocomel. Geen Melfri. Dat was nep maar we dronken het thuis.

Ingeklemd tussen McDonald's op de ene hoek en Bagels & Beans op de andere heeft het oerbruine Pico het nog lang uitgehouden. Niet al te lang geleden hebben ome Piet en tante Corrie hun zaak overgedaan aan de erven ome Maupie: het pand is nu van Caransa die heeft beloofd dat het onderstuk een horecabestemming houdt. Voor een *raw food bar* wordt gevreesd.

Thuis rangschikte ik op de keukentafel mijn aanwinsten,

rook eraan en schreef secuur mijn naam op de etiketten met de Pelikan-vulpen die ik voor mijn verjaardag had gekregen. Hij lekte, zodat ik tot mijn ontzetting de sereen witte eerste pagina van mijn gelinieerde schrift besmeurde.

'Stel je niet zo aan,' zo reageerde mijn moeder toen ik zei dat ik een nieuw moest gaan kopen. Met een kordaat gebaar scheurde ze het vel eruit. 'Als nieuw,' zei ze.

Op weg naar school op de Prinsengracht kwam ik over de Vijzelgracht. En die moest en zou ik ten minste twee keer per week oversteken. Aan de overkant wist ik de Gebr. Winter, anno 1914 voor al uw papierwaren en kantoorartikelen. Ik drukte mijn neus tegen de winkelruit. Later als ik rijk was zou ik daar stapels echte cahiers gaan kopen. Groot, klein, dik, dun, met een linnen rug en een gemarmerde kaft. Met een lintje ertussen en een elastiekje om de pagina's te verdelen. Papier hier. Dank u wel.

In de kookboekwinkel komt mijn moeder even koffiedrinken. Ze is haar rondje aan het doen. Afgezien van de wekelijkse post die ze komt brengen – inclusief alle reclamefolders – geeft ze me dit keer ook een paar foto's die recentelijk zijn genomen. Tante Ria. Of ze echt mijn tante was, weet ik eigenlijk niet. Mijn familie is een wirwar. Ik herken haar meteen, al heb ik haar zeker vijftig jaar niet meer gezien. Aan haar gezicht is weinig veranderd. De blik helder. Het kapsel kort. Ze mist alleen beide benen.

'Henk had mij opgehaald. Die schat. Hij zoekt haar bijna elke dag op. Het is een heel mooi verzorgingshuis. Maar Ria zit alleen maar te vloeken.'

Mijn moeder heeft geen idee waarom.

'Maar ze zei dat het eten er goed was.'

Ria. Ze kwam tussen de middag regelmatig bij ons haar boterhammetje opeten. Zij werkte vlakbij op de administratie van uitgeverij De Bezige Bij, een deftig pand, in de Van Miereveldstraat. De straat uit en links de brug van de Ruysdaelkade over, vlak bij het Museumplein waar ik vaak naartoe ging om de autobanden over de klinkers te horen roffelen. Toen was dat nog een doorgaande weg met de grandeur van een Parijse boulevard, waar alle automobilisten nog wat extra gas gaven. Het verhaal ging dat Rijk de Gooyer er eens in een alcoholcontrole belandde en toen snel op de achterbank van zijn eigen auto was gaan zitten. Op de vraag van de agent waar de chauffeur was gebleven, had hij geantwoord dat die was weggehold.

'Hè, hè, effe tussen de gewone mensen,' zei Ria als ze bij ons aanschoof. Ze nam zelf haar brood mee: twee witte sneetjes met berlinerworst kwamen uit een plastic Tupperwarebakje. Daar was ze gastvrouw voor geweest en ze gaf nog steeds Tupperwareparty's. Mijn moeder was ooit een keer naar zo'n door haar georganiseerd avondje geweest en kwam terug met een set schaaltjes. Uiteindelijk wist ze niet wat ze ermee aan moest.

Ik was altijd blij als tante Ria kwam. Niet zozeer omdat ik van dat beleg hield – integendeel, die vette randjes vond ik maar niks – maar omdat zij altijd wat meenam. Misdrukken van Gouden Boekjes. *Dokter Pijpekop* op zijn kop gedrukt. *De poes die dacht dat hij een muis was* met een ezelsoor. *Wim is weg* waarin een pagina miste. *Sambo het kleine negerjongetje*, dat inmiddels op de zwarte lijst staat.

Maar het mooiste cadeau dat ze uit haar tas opdiepte was Remco Camperts *Het leven is vurrukkulluk*. En heerlijk vond ik het, omdat het alleen maar blanco pagina's bevatte. Ik kon het helemaal zelf volschrijven. Met de avonturen die ik beleefde als schildknaap van de door mij zo bewonderde ridder Ivanhoe. Het te verdedigen kasteel stond in het plantsoentje aan het eind van de Ruysdaelkade en de Stadhouderskade, waar een ommuurde opslag van de gemeente was. De dagen die ik doorbracht met Rin Tin Tin, de heldhaftige filmhond. En hoe ik Zorro bijstond in zijn strijd tegen het kwaad, terwijl ik bij hem achter op zijn zwarte paard Tornado zat. Later werd *Het leven is vurrukkulluk* ook mijn eerste literaire ervaring. Ik las het, omdat mijn moeder het las.

Op de lagere school schreef ik zo netjes mogelijk om de volgende schrijfopdracht met gekleurde inkt te mogen doen. Welke pot van Talens zou ik kiezen: rood, groen, paars? De rode wangen als juffrouw Raar – ze heette echt zo – mij vroeg om iets op het bord te schrijven dat ze statig naar beneden schoof. Thuis maakte ik losgeldbrieven door letters te knippen uit *Het Parool*, de incidentele *Panorama*, de Wehkampgids en *De Echo*. Niet omdat ik na het overhandigen van het bedrag iemands geliefde vrijlaten zou, maar om mijn fantasie de vrije loop te laten. Ik móést schrijven.

In mijn latere leven, toen ik copywriter in de reclame was, genoot ik niet alleen van het schrijven over koekjes, weekbladen of vruchtensap, maar ook van de inspanningen van mijn artdirector Kees, die mijn woorden met een grote liefde voor typografie het licht liet zien.

Gaat er eigenlijk weleens een dag voorbij zonder Verkade?

Nieuwe Revu. Nieuws dat je pakt.

De lekkerste vruchten vinden elkaar in Dubbeldrank.

Nationale Nederlanden. Wat er ook gebeurt.

De ringbandschriften, waarin ik pagina na pagina, langzaam maar zeker, woordje voor woordje, de uiteindelijke slagzin zag ontstaan, heb ik lang bewaard. Ik kon er geen afstand van doen. Tot ik ging verhuizen en Marie Kondo die kast in de smiezen kreeg. En omdat ze toch in de buurt was, nam ze meteen ook mijn tientallen Moleskine-boekjes mee, die ik had gevuld met wijnproefnotities, nadat mijn schrijfinspanningen zich richting de glasbak hadden verplaatst. Uiteindelijk raakt iedere reclameman aan de drank.

Het was het jaar van de rookbom tijdens het huwelijk van Claus en Beatrix. 1966. Mijn vader riep na het beluisteren van het radiojournaal iets over 'langharig, werkschuw tuig'. Als tienjarige zag ik mijn ambitie om mijn haar wat langer te laten groeien direct in rook opgaan. Samen gingen we naar het meifeest van de speeltuin tegenover de Heineken Brouwerij. De glijbaan die in de zomer zo ongenadig heet kon worden, was omhangen met slingers. In de zandbak was een wedstrijd zandkastelen bouwen. Het voetbalveld was omgetoverd in een zakloopparcours. Het draaimolentje was een rad van fortuin geworden. En in de keet waar op zondagmiddagen met een bibberende projector zwart-witfilms werden vertoond van Laurel en Hardy, Ben Hur en Godzilla, was nu een racecircuit van Carrera uitgestald. Het was bedoeld om de kinderen tegen elkaar te laten racen, maar het waren de vaders die fanatiek de auto's over het plastic parcours joegen.

'Pap...'

'Wacht even, jongen, nog één rondje.'

Mijn vader en ik hadden een plekje gekregen in het hokje waarin de beheerder, ome Arie, de speeltuin overzag en vijfcents-dingen uitgestald had liggen. Als mijn oma bij ons was geweest, had ik er wat mogen kopen. Een zakje zwartwit. Een dropstaaf. Een pakje kauwgom van Bazooka. De wikkels met de stripavonturen van Bazooka Joe die in elke verpakking zaten, plakte ik in een schriftje. Daar schreef ik 'Joe's en Harolds stripalbum' op. De kauwgom zelf was een kleinood dat ik op het krukje naast mijn bed neerlegde om het de volgende dag weer in mijn mond te steken.

Voor het speeltuinfeest had mijn vader miniworstenbroodjes gebakken. Dat kon-ie vrij aardig. Degene die een beetje mislukt waren, hadden we in de keuken al opgegeten. Ik had een loterij bedacht. Ik vond de voorbereidingen daarvoor het allerleukst. Thuis had ik minutieus kleine, precies gelijke lootjes geknipt uit een HEMA-blocnote. Het ruwe, grauw gerecyclede papier voldeed prima. Allerzorgvuldigst had ik daar in krulletters 'Hoofdprijs', 'Vijfcents-ding', 'Joker' en 'Vrij Kiezen' op geschreven. Op de meeste stond echter 'Helaas'. Kosten: 2 cent. Als prijzen had ome Arie snoep ter beschikking gesteld, mijn vader had wat dobbers die hij niet gebruikte ingebracht en ik kwam ook niet met lege handen: ik bracht de Gouden Boekjes die ik dubbel had en Airfix plastic soldaatjes van het Japanse leger mee, want ik had besloten alleen de Engelsen en Amerikanen tegen de Duitsers te laten vechten. De hoofdprijs was een puzzel die ik van onze overbuurvrouw, tante Dora, had gekregen. De opbrengst zou besteed worden aan een dagje met z'n allen in de bus naar het strand. Als er niemand keek, at ik af en toe een prijs op, geen Japanse soldaat, dat mag duidelijk zijn.

'Het was een mooie dag. Iedereen vond papa's broodjes lekker. Dat vond hij zelf ook. Tante Dora vroeg of ik de puzzel niet leuk vond en keek niet blij, ook niet toen ik zei dat het de hoofdprijs was,' schreef ik in mijn editie van *Het leven is vurrukkulluk*.

Een paar jaar later had ik aan meneer Penseel, mijn mentor op het Ir. Lely Lyceum, gevraagd wat je moest doen om schrijver te worden. 'Goed je best doen,' luidde zijn antwoord. Penseel was leraar aardrijkskunde. Ik begreep dat hij bedoelde voor alle vakken, maar ik schreef en ik schreef en ik schreef. En niet alleen in schoolschriften.

In *De Magneet*, het blaadje van mijn voetbalclub FIT (Fel In Tegenstand), deed ik verslag door pagina's lang de sfeer te omschrijven in de kleedkamer, de geur in de materiaalkast, de mist op het afgelegen veld, de kwaliteit van de kroketten in de kantine en de vrijwilligers achter de bar. Geen woord over de wedstrijd zelf. Ik had wel direct de eindstand voor wie het wilde weten: 'We verloren met 6-0. Onterecht.' Mijn vader, die leider was van ons team, moest bij het bestuur komen. Niet om zich te verantwoorden voor onze positie op de ranglijst, ruim onder de middenmoot, maar voor de onalledaagse stukken die zijn zoon schreef.

'Kan-ie geen gewone dingen schrijven, Auke?'

De redactie – ome Stef – mocht mijn bijdragen niet meer stencilen.

In *De Vijfling*, de schoolkrant, schreef ik over mijn hamster, Captain Weird. Ik schreef over de vloeistofdia's die geprojecteerd werden tijdens het optreden van een bandje op het schoolfeest. Kayak, geloof ik, toen ze nog niet bekend waren. Ik schreef over het arboretum dat we bezochten tijdens onze brugklasweek in Lunteren. Waarschijnlijk omdat ik het er oorverdovend groen vond. Ik schreef over alles wat los en vast zat, en overal op. Op mijn pukkel, de legertas die ik gebruikte om mijn schoolboeken in te doen. Ik kalkte op de muren van de jongenstoiletten, beschimpte er leraren en had er geen rekening mee gehouden dat mijn handschrift werd herkend. Ik werd een week geschorst.

Ik schreef naamdichten voor de meisjes uit mijn klas. Niet omdat ik ze leuk vond, maar omdat ik het leuk vond om te schrijven. Ik kreeg mijn eerste optreden in het openbaar. Van onze economieleraar – nota bene een vak waaraan ik een hekel had – mocht ik op de verhoging waar zijn tafel stond het door mij geschreven korte verhaal 'De dood van mijn poes' voorlezen. Melodrama met in de hoofdrol Peter, mijn rode kater, die altijd bij mij onder de dekens mocht slapen. Hij had vlooien, waardoor het soms leek of ik de minimazelen had. Nadat ik 'm in mijn verhaal door de dierenarts had laten inslapen, moesten er sommige meisjes huilen. Ze wisten niet dat Peter waarschijnlijk op datzelfde moment in de binnentuinen achter mijn huis de kastanjeboom in klom in een poging een houtduif te grazen te nemen. Ik zag Rina met haar spichtige gezichtje. *Snik.* Jopie met haar lange blonde vlecht. *Snik snik.* Henriette – *snik* – die eruitzag zoals zij heette: knielange Schotse rok met grote speld, penny shoes, parelkettinkje. En dat op je dertiende.

Ik raakte verslaafd aan wat pen en papier teweeg konden brengen.

Februari 1969. Ik was halverwege de brugklas en mijn moeder zat over de helft van haar zwangerschap van mijn zusje. Ze had al genoeg te tillen, maar ik wist dat ik de glimmende Underwood-schrijfmachine niet alleen thuis kon krijgen. Bij Moolhuysen Kantoorinstallaties, om de hoek van mijn middelbare school, in de Raadhuisstraat, stond in de etalage een model uit de jaren vijftig tussen een tiental soortgenoten. Een inruiler: elektrische typemachines eisten hun plek op. De Underwood kostte 65 gulden. En volgens mij woog hij 65 kilo. Als een zwarte kathedraal verrees hij tussen de andere occasions.

Onderweg naar de halte moest mijn moeder een paar keer rusten. Alsof het de normaalste zaak van de wereld was, ging zij ruggelings op de motorkap van een geparkeerde auto liggen om uit te puffen. Ik stond ernaast met mijn schrijfmachine en wachtte. Eenmaal in de tram keken de mensen geamuseerd naar mij. Een blond ventje van twaalf met een enorme typemachine op schoot en daarbovenop een kartonnen doosje carbonpapier dat ik van de verkoper cadeau had gekregen. De opwinding die ik thuis voelde toen ik het verse pak met 500 vel hagelwit A4 opende. Ik sneed mij aan het papier, alsof ik het iets had misdaan.

Er is een foto. Mijn vader moet het moment bijzonder, apart of verontrustend genoeg hebben gevonden om het vast te leggen. In de hoek van de slaapkamer van mijn ouders, tussen de schoorsteenmantel en het raam aan de straatkant in, staat een tafeltje. Er hangt geen kaal peertje boven. De kachel ernaast brandt. Het raam is heel. En ik ben niet eenzaam. Mijn broertje van tien zit op zijn knieën in de vensterbank en kijkt naar wat ik doe.

Ik zit achter mijn eerste schrijfmachine en ik schrijf.

10

Naar de Ceintuurbaan

'Ga nu maar een tijdje bij je vader wonen,' kreeg mijn moeder op 5 december 1945 van de hare te horen. Waarschijnlijk wilde zij weer eens ongestoord mannen kunnen ontvangen.

Mijn moeder had me het verhaal weleens verteld. Over tante Betsie, de vrouw met wie haar vader in de Govert Flinckstraat was gaan wonen nadat hij haar moeder had verlaten. Over het gebrek aan warmte, aandacht en liefde van haar eigen moeder. Over de kleren die ze wél van tante Betsie kreeg. Ook nadat de Sint allang het land weer uit was. En hoe zij na een jaar al kwam te overlijden. Tbc, toen nog een volksziekte, kende geen mededogen.

'Ik heb mijn ogen kapot gejankt. Ik hield zo van die vrouw. En zij van mij.' Dat haar oudere zusje Beppie diezelfde pakjesavond – 'Hoor wie klopt daar kinderen?' – door het Leger des Heils werd ondergebracht bij een pleeggezin in de Gerard Doustraat wist ik niet.

Sinterklaas loopt als een rode draad door onze familie.

Mijn moeder die op de verjaardag van de goede Sint het huis uit werd gestuurd. En mijn vader die altijd Sinterklaas was.

Jeroen is mijn jongere broer. We waren twee jongens die toevallig dezelfde vader en moeder deelden. We speelden amper met elkaar. Een gedoogjeugd. Nadat we allebei het huis uit waren, werden we pas vrienden. Rond sinterklaas sloten we echter altijd een opgewonden verbond: we moesten en zouden de cadeautjes vinden die ergens in huis verstopt waren. Over het bestaan van de man zelf hadden we al een tijdje onze bedenkingen. En onze twijfel werd helemaal weggenomen toen wij in de Sint van dienst die de lagere school aandeed onze eigen vader herkenden. Het was niet eens dat-ie slecht was opgemaakt: het waren zijn schoenen.

'Dag pap,' had mijn broertje, nota bene net kleuter af, tegen hem gefluisterd toen hij bij hem op schoot zat. Misschien vond hij het wel zielig voor onze vader. Hij deed zo zijn best.

In huis stroopten we alle mogelijke verbergplekken af. De kast in de gang, naast de trap naar de keuken, die dienstdeed als kraamkamer voor Ducky, onze lapjeskat die in haar vruchtbare leven meer dan zeventig kittens ter wereld bracht. Dan naar de andere gangkast, met de visspullen van onze vader, waar altijd een vage geur hing van aarde, schubben en het linnen van hengelfoedralen. In onze zoekhaast hadden we een keer het bakje met maden laten vallen, waardoor er nog wekenlang dikke blauwe en groene bromvliegen naar buiten vlogen zodra de deur openging, traag en aarzelend. We voelden achter de stapels met lakens, slopen en handdoeken in de slaapkamerkasten, maar het enige wat we vonden was een boek over seksuele voorlichting. We slopen naar zolder, luisterden stiekem aan de deuren van onze buren op twee- en driehoog, niet wetende wat we zouden moeten horen, en namen de laatste trap, huiverend bij het zachte gekraak van de loperloze treden. Daar wachtten het schaarse licht dat door een scheef hangend raampje naar binnen gluurde zodat het overdag op zolder slechts schemerde; de opdwarrelende stofdeeltjes die onwennig hun weg zochten; het mud kolen in de hoek dat nooit meer zou gloeien omdat de hele trap inmiddels op olie stookte. Het gefladder, het getrippel en het gebalts van de duiven op het dak; de spookachtige aanblik van de voile van mijn moeders trouwhoedje dat met haar verdroogde boeketje aan een balk hing, langzaam heen en weer bewegend door de wind die tussen de dakpannen door drong. Maar ook hier lagen geen presentjes, zodat we weer teleurgesteld afdaalden. Terwijl het zo voor de hand liggend was geweest, zo pal onder het dak.

Hoe we ook zochten, we vonden nooit wat. Zodat we tot pakjesavond in het ongewisse bleven aan wat de goedheiligman had lopen denken wat hij Harold en Jeroen zou schenken. Later pas hoorden we dat mijn vader de pakjes altijd in bewaring gaf bij Moesje en tante Nettie van tweehoog, die zo vriendelijk waren om op de avond zelf de zak voor de deur te zetten en te bonken.

Ik bekijk een kleine zwart-witfoto van mijn oma, de moeder van mijn moeder. Een klein Joods vrouwtje dat veronderstelde dat het verdriet dat zij haar kinderen had aangedaan bij het leven hoorde. Nadat ik later de verhalen over haar had gehoord, verbaasde ik mij dat er überhaupt nog contact was tussen mijn moeder en haar.

Zij was onze lievelingsoma, die we oma Miegie Paardenvliegie noemden. Die ons trakteerde op een middagje De Zoete Inval, een uitspanning bij Halfweg, omdat ze 'in een tassie nog een geeltje had gevonden'. Die ons meenam naar Artis, op de gorilla wees en zei: 'Kijk, daar heb je ome Massie', de toenmalige man in haar leven. Die voor ons rapport een rijksdaalder gaf, waar opa Hamersma, nota bene de stamvader, bleef steken op een kwartje. Die op deze foto met een cassetterecorder tussen haar benen op de grond zit, die ze ons voor sinterklaas had gegeven. Ze straalt van plezier. Ik herinner me dat ze zichzelf net terug heeft gehoord, nadat ze 'Hallo, hallo' in het microfoontje had geroepen. Later zou ik zelf pogingen doen om er de Veronica Top 40 mee op te nemen. Altijd net een seconde te laat met het indrukken van de recordknop, zodat Dave Berry's 'This Strange Effect' ook vreemd begon. En eindigde, want die diskjockeys begonnen er altijd al doorheen te kletsen als het nummer nog niet helemaal afgelopen was. Ik hoefde niet per se zo te kunnen zingen als Dave Berry, maar ik wilde wel zijn haar.

Hoewel er weinig geld was, probeerde vooral mijn vader er met sinterklaas wat van te maken. Maandenlang hadden wij gesmeekt om een tafelvoetbalspel. En wat stond er een mooie bij de speelgoedwinkel op de Ceintuurbaan. Een prachtig, lichtvoetig stadionnetje van Italiaanse makelij, op ranke pootjes, met voetbalpoppetjes in strak gesneden tenues en met een helgroen veld en goals waarin echte netten hingen. We vroegen erom voor onze verjaardag in juni en augustus. Als laatste strohalm was daar 5 december.

Nadat er op de deur was geklopt, bekeken mijn broer en ik toch met de nodige argwaan het Grote Pak waarop HAROLD EN JEROEN stond. We begonnen het met weinig overtuiging uit te pakken. Door het pakpapier heen stak een ijzeren stang die verdacht veel leek op de gordijnroe in de woonkamer. Een ruwhouten bak met een hardboard ondergrond waarop in ongelijke letters OLYMPISCH STADION geschilderd stond. IJzeren stangen met houten poppetjes, waarin wij de niet al te fijnzinnige figuurzaaghand van onze vader moeiteloos herkenden. Het veld het olijfgroen van onze keukendeur. Goals zonder netten, waardoor de grote knikker die als voetbal dienst moest doen na een doelpunt onder een kast rolde. Pootjes ontbraken. En als deze al gemonteerd waren dan hadden deze van een zware kwaliteit Krupp-staal moeten zijn geweest: dit voetbalspel woog een kilo of twintig.

De enkele keren dat wij ermee hebben gespeeld moest de goede gever ons helpen het op de eettafel in de keuken te tillen. Al bij de tweede wedstrijd schoot de spits van de blauwe partij los van de gordijnroe. Zelden zullen er twee jongetjes zijn geweest die zo beteuterd hebben gekeken toen zij het project zagen waaraan hun vader wekenlang op de fabriek in zijn vrije tijd had gewerkt. Het voetbalspel verdween onder het bed. Onze vader was net zo verslagen.

Mijn vader wilde ook zelf Sinterklaas zijn. Tijdens de intocht bestudeerde hij de echte Sint die hij maar 'zo zo' vond. In onze lange gang op de Jacob van Campen zag ik hem een keertje het statige schrijden oefenen en deftig zwaaien naar het portret van het huilende zigeunermeisje dat daar aan de muur hing. Van een door mijn moeder gelezen roman van Konsalik maakte hij het grote boek waarin alles over de lieve en stoute kindertjes stond. En hij nam snipperdagen op om hem te spelen. Het enige wat ontbrak was een eigen schimmel.

Hij speelde Sint in de fabriek voor de kinderen van zijn collega's. Voor hem was het hoogtepunt dat hij werd voorgereden in de Mercedes van de directeur. Rechtopstaand, met het schuifdak open, zwaaide hij deftig – oefening baart kunst – naar de kleumende kleintjes, terwijl de Zwarte Pieten om de auto dansten. Hij was Sinterklaas op de school van mijn zusje waar hij, nadat hij was afgekeurd, onbezoldigd conciërge was. Naast de schoolkrant stencilen, kleine reparaties uitvoeren en schoolreisjes in goede banen leiden, beschouwde hij Sint zijn evenzeer als een van zijn kerntaken. Bij FIT was hij de clubhuis-goedheiligman.

Toen ik elf was vroeg hij of ik zijn Zwarte Piet wilde zijn. Ik was trots. Samen deden we huisbezoeken in de straat. Aan de familie De Haas die aan de overkant woonde, gaf hij ons als afscheidscadeautje, omdat ze in het voorjaar naar Australië zouden emigreren. En daar kenden ze geen Sint en Piet. Daar hadden ze Santa Claus en Aboriginals, begreep ik later van hun dochter met wie ik nog een tijdje *pen pal* ben geweest.

Toen we terugkwamen van de De Haasjes was Sinterklaas zijn sleutels vergeten en moest hij aanbellen. Door de schoorsteen binnenkomen was geen optie. Hoewel mijn broer van acht die opendeed niet meer geloofde en hij ons

ons even daarvoor nog in de keuken had zien omkleden, schrok hij toen ik met een voor een elfjarige zo zwaar mogelijke Pietenstem vroeg 'of zijn moeder ook thuis was'.

'Ik zag heus wel dat jullie het waren hoor...' zei hij even later beschaamd, waarna hij mij een schop probeerde te geven.

Mijn moeder is tot haar vijfenzestigste suppoost in het Stedelijk Museum geweest. En omdat de sinterklaas met wie zij getrouwd was nog niet aan pensioen dacht, hoefde hij er niet lang over na te denken toen de personeelsvereniging van het Stedelijk hem vroeg. Kosten noch moeite werden gespaard. Nog nooit had hij zo'n mooi kostuum gehad. Er waren twaalf Pieten geronseld. En er was een heuse grimeur besteld, die ook voor de televisie werkte. Het museum wilde zelfs een schimmel voor hem regelen. Maar daar zag hij van af. 'Die beesten vertrouw ik alleen als ze bij Steakhouse Piet de Leeuw op mijn bord liggen, met frietjes ernaast.'

Nu kon de personeelsvereniging ook niet om mijn moeder heen. In het Stedelijk wist zij een schare fans. Dat was met name te danken aan Jan van Bladeren, miskend schildertalent. Op 21 maart 1986 liep hij de zaal binnen waar zij al twaalf jaar rondliep en ging met een stanleymes *Who's Afraid of Red, Yellow and Blue III* van Barnett Newman te lijf. Daarop had ze ijzig kalm gereageerd, ofschoon dat vooral kon worden toegeschreven aan het feit dat zij niet wist hoe haar portofoon werkte. Collega's waren jaloers dat het niet in hun zaal was gebeurd. Ze bewonderden haar bovendien, omdat ze totaal niet onder de indruk was geweest van de reprimande van de toenmalige directeur, Rudi Fuchs. Die had haar dringend verzocht om niet meer op eigen houtje persconferenties te organiseren. Haar reactie op de vraag van de buiten samengedromde journalisten 'dat brand erger was geweest' had hij niet op prijs gesteld. De mededeling van het hoofd Personeelszaken dat er iemand was van Slachtofferhulp om haar psychische bijstand te verlenen had ze verbaasd aangehoord. Van PTSS had ze nog nooit gehoord. Bovendien had ze de oorlog meegemaakt.

Toen vier jaar later en na een hoop heisa rondom de restauratie door Goldreyer het doek weer terug werd gehangen, analyseerde ze in een oogopslag waar allerlei experts en advocaten het in de rechtszaal maar niet over eens konden worden: 'Dat doek is gewoon overgerold.' Het aantal fans van haar onder het personeel nam verder toe.

Onze zoon werd fan van de sinterklaas in het Stedelijk. Van hem kreeg hij een enorme plastic gevechtshelikopter uit Hongkong, uitgerust met batterijen die zwaailichten lieten branden, wieltjes lieten zwenken en speakers deden galmen. 'Drop down your weapons!', 'Kill! Kill! Kill!' en 'Fire! Fire! Fire!', waarna een overtuigend mitrailleursalvo klonk. Ook de wieken kwamen in beweging. Zij het niet voor lang. Tijdens de eerste gevechtshandelingen die plaatsvonden op de begane grond van ons huis, kwamen ze met een stoelpoot in aanraking en brak er meteen eentje af. Op de foto die pal daarvoor is genomen, zit mijn vader glunderend bij zijn kleinzoon op de grond die het wonder der techniek net in gereedheid aan het brengen is.

Sint ging naadloos over in kerst, waarop mijn vader zich

ook enorm kon verheugen. Als fanatiek amateurkok was hij al ruim van tevoren door kookboeken aan het bladeren, knipte hij recepten uit kranten en tijdschriften en overlegde hij met mijn moeder. Voor de vorm overigens: zij vond alles goed. Als zij het maar niet hoefde te maken. En als er maar geen sprake was van graatjes in de vis, vette randjes aan het vlees en andere dingen die ze griezelig vond. Over wie er aanschoof, ontstond nooit discussie. Kerst was een gezinsaangelegenheid. Visite was iets voor verjaardagen.

Op 6 december moest er meteen een kerstboom komen. Ik mocht mee om hem te halen. Het kerstgevoel werd bij ons steevast ingeluid met een noodkreet van mijn moeder die op eenhoog uit het raam hing: 'Neem je niet een te grote?' Gejaagd vanwege onze missie waren we al op de hoek bij Drewes, een toonzaal van rotanmeubelen, waar later De Taart van mijn Tante kwam. Daar rechtsaf de straat uit de Ferdinand Bol in, zo snel mogelijk naar het pleintje op de kop van de Cuyp. Niet blijven dralen bij de grammofoonplatenwinkel om te kijken of de nieuwe Veronica Top 40 al op de deur was geplakt. Mijn vader stak kort zijn hand omhoog naar de baas van de feestwinkel op de hoek van de Quellijnstraat, die de oranje affiches al ophing met BINNENKORT VUURWERK! We haastten ons langs de HUF, waar mijn moeder bruine plastic sandalen voor mij kocht.

De kerstbomenman was al die jaren dezelfde: een compacte man die ook al die jaren hetzelfde donkere ribfluwelen jasje aanhad. Hij droeg handschoenen zonder vingers die ik later, als ik schrijver was en in mijn koude kamer achter mijn typemachine zat, ook zou dragen. Er was een vuurkorf die walmde en af en toe met een luid geknetter een vonkenregen deed opstijgen. Zijn handelswaar had hij kundig gedrapeerd rondom de piskrul en het transformatorhuisje.

Altijd weer stonden we er te dubben. Die boom was te klein. Die was te breed. Die was te kaal. Om uiteindelijk met een enorme boom tussen ons in door de Ferdinand Bol terug te lopen. Mijn vader voor. Ik achter. Half slepen, half tillen, halverwege even uitrusten. En eenmaal thuis moest er altijd een halve meter aan de bovenkant af.

'Janny, heb jij mijn zaag gezien?'

'Waarom zou ik die gebruiken?'

Eenmaal in onze huiskamer zag de boom er lang niet meer zo glorieus uit als op het pleintje. De nieuwe piek paste niet over het afgezaagde stompje aan de bovenkant. Enigszins vermoeid leunde de den op het wiebelige kruis naar voren. Tot ver in februari voelde ik de prikkende naalden die waren achtergebleven in de handschoentjes van de HEMA, waarin kinderhanden kouder werden dan zonder.

Het debuut van mijn vader als kok had geresulteerd in een kerststol die op eigen kracht de deur van de oven had weten open te duwen. Het resultaat van een te ruimhartige interpretatie van de gisthoeveelheid. Bovendien was het stuk dat in de oven was gebleven verbrand en het deel dat gebruik had gemaakt van de ontsnappingsclausule niet gaar. Maar nadat de zwarte korsten eraf waren gekrabd was het allemaal net te doen. En er was nog hoop: het kerstbrood was bedoeld voor het kerstontbijt. We zouden de schade wel inhalen tijdens het kerstdiner.

’s Avonds maakte mijn vader gevulde rollade waarvan hij het recept uit de *Lekker* had gehaald. Mijn broertje meende dat deze nog te rauw vanbinnen was, liet zijn vork vallen (‘Zullen we op de grond verder eten, jongen?’) om en passant op te biechten dat hij ’s middags door de politie was betrapt op het stoken van een vroegtijdig kerstboombrandje. En dat daarbij per ongeluk de brommer van een meneer wat schade had opgelopen. ‘Maar alleen een beetje van de verf, hoor.’

Heel even was er toen sprake van wat buitenstaanders hadden kunnen interpreteren als een vredige kerststilte. Mijn broertje – een veel minder grote angsthaas dan ik – bleef rechtop aan tafel zitten. Met een luid: ‘Jongen, je bent een nagel aan mijn doodskist!’, ontplofte mijn vader. Waarschijnlijk ook omdat hij zelf evenmin tevreden was met de rollade waarvoor hij de hele middag in de keuken had gestaan. ‘Ik kan niet wachten tot ik erin geslagen word’, was – geef toe – het alerte antwoord van mijn broertje. Waarna de minstens even snelle, corrigerende tik van onze vader hem achterover in de kerstboom deed belanden.

Het is het verhaal dat ieder jaar weer tijdens het kerstdiner wordt verteld. Dan proosten we met de urn waar de as van mijn vader in heeft gezeten. Want hij is er natuurlijk wel bij.

11

In de Govert Flinck

'Papa, hoe heet opa Lachen eigenlijk echt?' Mijn zoon Bob moet een jaar of vijf zijn geweest toen hij besefte dat opa Lachen niet de echte naam van mijn vader kon zijn. De aanleiding was waarschijnlijk een kringgesprekje geweest op zijn kleuterschool.

'En hoe heet jouw opa, Bob?'

'Opa Lachen.'

Als-ie er pas op zijn eenentwintigste naar had geïnformeerd, had ik me zorgen gemaakt.

Opa Lachen was de grootvader die altijd in was voor grappen, de kieteldood ten uitvoer bracht, winden liet door op zijn hand te blazen en altijd een vreemd hoedje op had. Al was dat niet bedoeld om op de lachspieren te werken. Het slappe, beigekleurige, ribfluwelen, met speldjes vol gestoken hoofddeksel (CAMPING DE MOLSHOOP, WHEREVER YOU GO, GO TEXACO, AJAX CHAMPIONS LEAGUE 1995) en hij waren onafscheidelijk. Uiteindelijk is het ook met hem mee de kist ingegaan, door een lijkschouwer onder zijn gevouwen handen geplaatst.

'Ik kan mij de keer niet herinneren dat ik 'm zonder hoedje op heb gezien,' zei mijn broer terwijl hij een laatste blik in de kist wierp. Ik keek vooral naar zijn devoot gevouwen knuisten. Alsof-ie aan het bidden was. Dik behaard. Ruw in het eelt. In zijn kist echter als marmer ogend. Niks voor hem, dacht ik. Hij geloofde nergens in. Ja, in zijn vrouw van wie hij zijn leven lang is blijven houden. In zijn kinderen, al had-ie die af en toe een flinke slag voor hun harses moeten geven.

Opa Lachen. Eén ding is zeker: Bob vond dat een betere naam dan zijn echte: Auke. Vernoemd naar zijn vader. Een Fries die vanwege geen werk in het hoge noorden afzakte naar Amsterdam om postbode te worden.

Niet dat het vanaf het begin voor opa Lachen zelf lachen geblazen was. Voordat hij op zijn zesentachtigste definitief kwam te overlijden, ging hij al vier keer dood. En in de proloog dienden zich ook nog wat zaken aan die niet uitnodigden om de slingers voor op te hangen.

In 1941 ging zijn moeder dood: tbc. Hij was nog maar twaalf. Hij hield van haar. Een stiefmoeder bleek snel voorhanden. De postbode had zich ontfermd over een weduwe die aan de overkant woonde en al een dochter had. Kom erbij. Hij wilde er nooit veel meer over kwijt dan dat-ie daarna veel op straat te vinden was. Zwerven door De Pijp, vissen in de Boerenwetering, melkpoeder pikken om de rantsoenen aan te vullen bij de Melkfabriek in de Eerste Jan Steenstraat. Hij had er toen nog geen weet van dat zijn toekomstige vrouw daar tegenover op nummer 61 zou komen te wonen.

Misschien dempte de oorlog zijn verdriet. En zijn twee

oudere broers, Klaas en Ab, namen hem op sleeptouw. Zij verordonneerden hem dat hij niet moest piepen. Stoere, grote kerels waren het die al op de ambachtsschool zaten en leerden om metaalbewerker te worden. En die huilden niet. Ook niet als er moeders doodgingen. 'Slijmerd' noemden ze hun kleinere broer. Het was niet kwaadaardig bedoeld. Hun beste vrienden werden zo begroet. Een schoolkameraad die als leerling bij de Amsterdamsche Droogdok Maatschappij werkte – waar zij later ook kwamen te werken – viel in een ruim, brak beide benen en zijn bekken en kreeg de broers op ziekenbezoek. 'We hebben 'm opgezocht in het Binnengasthuis. Die slijmerd lag er lekker bij.'

Hij verbeet zijn tranen toen zijn vader hem in maart 1945 naar de Achterhoek stuurde, om de Arbeitseinsatz te ontlopen. Zijn broers waren al eerder ondergedoken, dus hij moest alleen, als zestienjarige. Zijn geboortehuis aan de Govert Flinck 152 uit, rechtsaf richting de Amstel een paar honderd meter verderop, weer rechts, via de Berlagebrug linksaf de rivier over, en lopen, naar het oosten, naar de boeren, naar het onbekende.

Met mijn moeder sta ik voor de Eerste Jan Steen 61. We komen net van de Gerard Dou.

'Hoe is het mogelijk dat die hond me herkent hè?' zegt ze, telkens oprecht verbaasd als het beest dat altijd meegaat naar de winkel van mijn vrouw haar komt begroeten. Mijn moeder komt twee keer in de week.

Ze krijgt koffie. En ze luncht mee. Of beter gezegd: ze doet alsof. Het is een eetlust bedervend ritueel. Eerst alles in piepkleine stukjes snijden en ze vervolgens eindeloos heen en weer schuiven op het bord. Door de tremor van haar hand verliest ze de helft tijdens de reis die de vork naar haar mond moet maken. De hond wijkt niet van haar zijde. Die schrokt weg wat er valt, terwijl zij eindeloos blijft kauwen op het weinige dat haar mond haalt. In de zwarte schoudertas van de gemeente Amsterdam die ze op straat heeft gevonden ('Wie gooit er nou zo'n prima tas weg?') krijgt ze vervolgens het restant mee. Het zal in haar koelkast beschimmelen. Ooit vond ik er een plastic bakje met stoofpeertjes, die nog door mijn vader waren gemaakt. Hij was toen al twee jaar dood. Ondertussen heb ik het antwoord op mijn verzoek aan haar om wat meer te eten al honderd keer gehoord: 'Weet je wat het is, Har? Oude mensen eten niet zoveel.' In het restaurant van het bejaardentehuis bij het De Mirandabad, waarvan het appartementencomplex waar ze woont deel uitmaakt, komt ze nooit.

'Ik ga niet tussen al die oude mensen zitten.' Zelf is ze nu zesentachtig.

Voor zichzelf koken blijkt een onmogelijke opgave. Mijn vader deed het altijd voor haar. Onlangs deed zij nog een poging om een diepvriespizza op te warmen op de plaat van het inductiefornuis. Zonder pan. Het brandalarm ging af. Alle inwoners van haar appartementencomplex leunden niet veel later in de gang op hun rollators en looprekken en keken vol bewondering toe hoe de huismeester de rust liet weerkeren door een paar knoppen in te drukken op de centrale brandmelder.

Na de lunch wandel ik meestal een stuk met haar mee door de buurt. Haar buurt. Mijn buurt. Onze buurt. De lange zwart-wit geblokte jas die om haar magere lichaam wappert, haar paarse moonboots en de enorme bos warrige, deels nog hennakleurige krullen. De uitgroei deert haar niet. De grijze cellen daaronder beginnen haar wel parten te spelen. De dementie gumt de uitdrukking in haar gezicht langzaam uit. Recente gebeurtenissen weet ze vaak niet meer voor de geest te halen; haar vroege herinneringen zijn juist nog heel levendig.

Ze herinnert zich dat op de hoek van de Sweelinckstraat en de Albert Cuypmarkt, waar nu restaurant-bar Escobar zit, eerder het badhuis was gevestigd waar zij soms naartoe mocht. Later ik ook trouwens. We steken de Cuyp over, slalommend tussen de dagjesmensen door, en ze wijst op de hoek van de Govert Flinck waar Babette Labeij haar Music Academy heeft gevestigd. Toen ze dertien was volgde ze daar 'het zevende leerjaar'. Voor haar toen geen muzieknoten: het was eerder een noodgreep. Leren was niks voor haar. Werken werd het. 'Op kinderen passen.'

Ze heeft direct in de gaten dat de Eerste Jan Steenstraat 61 niet meer hetzelfde huis is als waar zij vanaf haar achtste op eenhoog heeft gewoond. Hoewel ze even in de war lijkt: 'Hè, hoe kan dat nou?' Er staat nu een blokje sociale woningbouw, geaccordeerd door een welstandscommissie die architectuur in de jaren negentig niet liet schitteren door schoonheid.

Mijn moeder loopt er meteen van weg. Hier heeft ze niets meer te zoeken. 'Walgelijk,' luidt weer haar oordeel. Behalve 'schitterend' kent het vocabulaire van mijn moeder nog een vaste uitdrukking: walgelijk. Dat kan overigens van alles zijn. De renovatie van de hal van haar appartementencomplex. Walgelijk. 'Wat was er mis met die oude gang?' Een fles frisdrank van twee liter. Walgelijk. Het feit dat ze op het verkeerde knopje van de afstandsbediening heeft gedrukt en daardoor geen beeld heeft. Het is niet haar schuld maar die van de tv. 'Ik heb hem net nieuw.' Walgelijk.

Als ik vraag waar haar eigen moeder eigenlijk was gebleven toen zij met haar vader verhuisde, reageert ze bijna alsof ze het raar vindt dat ik dat niet weet: 'Die woonde ergens anders. Die woonde altijd ergens anders. En toen ze de tweeling had weggedaan had ze helemaal haar handen vrij.'

Weggedaan. Zo zei ze het letterlijk. Misschien wilde ze zo voorkomen dat de vader van mijn moeder in de gaten zou krijgen dat de twee jongetjes steeds minder op hem begonnen te lijken en steeds meer op Nelis, zijn oudere broer.

De vraag 'Was je niet verdrietig toen je moeder op haar eenenzestigste doodging?' levert een antwoord op van even weinig woorden.

'Ach, ze was ernstig ziek. Geen idee wat ze had. Ik heb er geen traan om gelaten.'

Ze ziet mijn frons. Ze weet niet dat ik weet dat ze wel heeft gehuild. Ik was zeventien toen ze zich na de begrafenis in tranen op het bed stortte. 'Laat haar maar even,' zei mijn vader. Pas later besefte ik dat ze waarschijnlijk niet huilde om de dood van haar moeder, maar om de moeder die ze nooit heeft gehad.

'Ik hield niet van haar. Er waren andere mannen. Altijd andere mannen.'

Toch kwam er ruimte voor een man in haar eigen leven.

Die ene man. De man die later mijn vader werd. De man die opa werd, opa Lachen. We staan voor het huis waar hij is opgegroeid.

De bouwwoede in de stad heeft ook bezit genomen van De Pijp, maar de Govert Flinckstraat 152 nog niet bereikt. Eromheen en ertegenover worden kelders uitgegraven, puincontainers gevuld en etages opgerekt. Het pand laat het zich allemaal aanleunen, hangt kalmpjes uit het lood, bladderend in zijn voegwerk. De kunststofkozijnen – signatuur van de huisjesmelker – zijn al jaren geleden aangebracht.

Dit was ook het huis waarvandaan hij op 1 mei 1951 vertrok om bij haar thuis in de Eerste Jan Steen kennis te maken met de eerste twee van zijn toekomstige schoonouders. De vader van mijn moeder en 'tante Fien', een ongehuwde moeder die al vier kinderen van vier andere mannen had, gaven hem de zegen. Het was immers een mooie kerel met een vaste baan. Toen hij in 1946 klaar was met de ambachtsschool was hij beroepsmarinier geworden. Zodoende werd hij na de oorlog uitgezonden naar het toenmalige Nederlands-Indië, tegenwoordig Indonesië, waar Nederland twee politionele acties uitvoerde in een poging om de kolonie te behouden. Als hij nu nog had geleefd, was hij wellicht gevraagd voor *Onze jongens op Java*, een documentairereeks van Coen Verbraak die eind 2019 op de televisie te zien was. Daarin kwamen dienstplichtigen en beroepsmilitairen aan het woord over wat zij, veelal als jonge twintigers, hadden meegemaakt. 'Ze noemden het politionele acties maar het was gewoon oorlog,' zei een negentigjarige terwijl zijn ogen nu pas vochtig werden. Mijn vader hoorden we er destijds nooit over.

‘Ik was geil op uniformen,’ zegt mijn moeder, rommelend in haar tas, plots zonder aanleiding. Ik had haar dat woord nog nooit eerder horen gebruiken. ‘Hij was me vanuit het Bosplan achterna gefietst toen ik naar huis reed. Ach, we waren zo’n knap stel.’ Dat was zeker zo. Ik zie de foto zo voor me, uit december 1951. Een portret van twee knappe mensen. Verliefd. Stralend. Onbezorgd. Een droompaar. Een filmposter. In haar ogen zie ik nu kortstondig de glans als van het achttienjarige meisje dat ze toen was.

Die glans liep een kras op toen mijn vader op zijn tweeëntwintigste bijna doodging. De aankondiging daarvan kwam op de dag dat mijn moeder hem aan mijn oma en oma’s vriend Massie voorstelde. Massie was uitsmijter op het Thorbeckeplein, een grote, vlezige, kale man met permanent een sigarenpeuk in zijn kunstgebit geklemd. Hij hield van klappen uitdelen, maar veel meer nog van kleine jongetjes. Bij het klaverjassen op zondagmiddag verweet zij het hem soms openlijk, waar wij bij waren. Met een verkeerde troefkaart uitkomen kan tot felle emoties leiden. Later heb ik nooit begrepen dat mijn ouders ons destijds met hem alleen hebben durven laten.

Tijdens het voorstellen hoestte mijn vader. In zijn zakdoek: bloedspetters. De tbc was teruggekomen. De maanden die hij in sanatorium Zon en Schild was verpleegd, waren tevergeefs geweest. Na zijn moeder was hij aan de beurt. Zijn schoonouders hadden de diagnose in ieder geval al gesteld. ‘Janny, stop met die jongen. Die jongen, die gaat kapot,’ hoorde hij ze in de keuken tegen haar fluisteren.

‘Ik ga liever dood op de operatietafel dan in een ziekenhuisbed,' zei hij tegen mijn moeder toen het duidelijk werd dat zijn rechterlong eruit moest, een operatie die de patiënt destijds slechts zelden kon navertellen. Maar de tbc kreeg hem niet klein. En ook die zware ingreep overleefde hij.

Niet veel later zat mijn moeder naast zijn bed toen hij wederom een bijna-doodervaring kon bijschrijven. Een dag na de operatie: inwendige bloedingen. Chirurg in de herkansing. Terug naar zaal waar een ziekenhuisbacterie bleek te wachten. Vier patiënten om hem heen overleden eraan. 'Je dacht toch niet dat zo'n klein klotebeessie mij eronder kreeg, hè?' waren zijn eerste woorden tegen haar toen hij zijn ogen weer opendeed – na zijn vierde Houdini-act met Magere Hein.

Als kleine jongen keek ik naar zijn aangeharkte schouderpartij wanneer hij zich voor de gootsteen stond te wassen. Naar de kuil in zijn rug. Naar het litteken dat als een uitwendige visgraat van schuin boven naar onder aan zijn ribbenkast het vlees bijeenhield. Op school schepte ik erover op. 'Mijn vader heeft maar één long, en ik heb drie opa's en oma's.' Maar ik was vooral trots op hem.

We staan op de hoek van de Albert Cuyp en de Ferdinand Bolstraat als het begint te plenzen. Ik vlucht met mijn moeder de McDonald's in. Volgens haar staat de M op de gevel voor de M van moeder. 'Hier zat eerst Van Haren schoenen, en later Alexander, een dameshoedenzaak,' herinnert ze zich, een afslag *memory lane* nemend die nog niet doodlopend is. 'Maar daar kwam ik nooit. Ik droeg alleen een hoed tijdens mijn trouwen. En ik ben maar één keer getrouwd.'

Als ik haar vraag of ze koffie wil, wil ze er ook een hamburger bij die ze daarna in een mum van tijd naar binnen werkt.

'Gezellig hè?'

Ik zie smukkige tafels, stuk gestoten plinten en weggooibekers.

'Kijk, die heeft zelf niks te melden en probeert zijn huid wat te laten zeggen.' Blijmoedig bestudeert zij een dikke, vol getatoeëerde jongen die zwijgend in zijn Big Mac tuurt alsof-ie daarin kan zien wat de toekomst gaat brengen.

'Weet jij wat AFCA betekent?' vraagt ze aan mij, als ware de knul een leesplank.

'Wil je misschien nog een hamburger?' vraag ik, een vage hoop koesterend dat ze nog wat eet.

Maar het antwoord weet ik al. Bovendien maakt ze aanstalten om naar buiten te gaan. Ze moet weer lopen. Lopen, lopen, lopen. En ik loop nog een eindje met haar op. Aan het eind van de Govert Flinckstraat, vlak bij de Amstel, blijft ze plotseling stilstaan bij nummer 291.

'Dit was onze kusjesportiek. Toen ik met je vader verkering had en we aan de overkant langs de Weesperzijde hadden gewandeld, gingen we hier altijd nog even staan zoenen voordat-ie me weer naar huis bracht.'

Nu geef ik haar daar een kus.

12

Aan de overkant van de Ferdinand Bol

Mijn vader zat op de nog enige stoel die in de zaak stond. De verbouwing was in volle gang. Oude magazijnkasten waren verwijderd. De muren werden gestuukt. De elektriciteit werd vernieuwd. De ornamenten op het plafond werden in hun oude glorie hersteld.

De kookboekwinkel in de Gerard Doustraat die we hadden overgenomen, zuchtte op zijn zachtst gezegd onder achterstallig onderhoud. Van de scheef hangende magazijnstellingen, de elektriciteit, de muren en de vloeren was de 'tenminste houdbaar tot-datum' al lang verstreken. Om nog maar te zwijgen over de inhoud van de twee koelkasten die we aantroffen nadat de vorige eigenares een halfjaar eerder de deur achter zich had dichtgetrokken.

In eerste instantie was de Gerard Dou bedoeld als werkplek voor mij. Hier zou ik de duizenden wijnen naartoe laten sturen die ik jaarlijks moest beoordelen voor mijn publicaties. Toen ik op een dag ons huis binnenstapte en ik in de woonkamer een zojuist geleverde pallet met wijn aantrof, vond ik het welletjes. Ook de bijbehorende wijnmakers, pr-functionarissen en supermarktinkopers kon ik nu elders ontvangen. Mijn vrouw zag ook mogelijkheden. Vanwege de aanwezigheid van een ruim geëquipeerde keuken kon zij er aan de slag voor onze wekelijkse kookrubriek in *Het Parool*. Ons huis zou weer een thuis worden. De tweeduizend verschillende kookboeken die deel uitmaakten van de inventaris vormden voor haar geen beletsel.

'Zoveel heb ik er thuis ook,' zei ze opgewekt.

We woonden alweer een paar jaar in De Pijp, maar nu hadden we er ineens ook een kookboekwinkel.

En daar zat mijn vader, omgeven door afdekplastic, verfblikken, zakken met stuc, en hij keek om zich heen. Naar het plafond. En achterom waar het binnenplaatsje gloorde. Hij stond op, liep naar de smalle trap die naar de entresol leidde en keek het trapgat in. Niet veel later kwam hij tot de conclusie dat hij op dit adres als kleine jongen zijn haar had laten knippen.

'Ja,' zei hij, bijna triomfantelijk toen hij er zeker van was dat het dezelfde plek was, 'dit is mijn oude kappert.'

Vervolgens begon hij wat samenzweerderig om zich heen te kijken en te fluisteren dat die kapper een viezerik was geweest. Alsof de man, vijfenzeventig jaar na dato, nog elk moment vanaf zijn woon-tussenverdieping via de binnentrap de winkel kon binnenstappen.

'Het was een pedofiel. Als hij aan het knippen was, stond-ie altijd tegen je aan te rijen. Volgens mij had-ie ook niks onder zijn lange witte jas aan. Maar we moesten naar hem toe. Hij was de goedkoopste. Omdat mijn broers en ik altijd tegelijk kwamen, werd het nog voordeliger. Knippen en wippen,' zei hij terwijl hij in zijn koffie roerde. Ik zag dat hij in gedachten weer even in die kappersstoel zat.

Uit diezelfde tijd heb ik een foto van hem waar hij samen met zijn twee broers op staat, voor hun ouderlijk huis in de Govert Flinck. Hij acht jaar. Ab tien. Klaas twaalf. Hij, Pietje Bell. Ab, de stoere. Klaas, de bedachtzame. Jean, de jongste, ontbreekt. Opvallend is dat ze geen bloempotkapsel hebben. Bij alle drie hangt er een lange lok over hun voorhoofd. Op de foto staat mijn vader voor Klaas, die hem vasthoudt, de rechterhand op zijn schouder, zijn linker om zijn bovenarm. Alsof hij zijn jongere broer wil beschermen. Misschien wel tegen de kapper. Ik heb mijn vader niet durven vragen of de man bij hem ooit aan iets anders heeft gezeten dan aan zijn haar.

Op een voorliefde voor kleine jongetjes heb ik de kapper tegenover ons in de Jacob van Campen op nummer 57 nooit kunnen betrappen. Kinderen onder de twaalf jaar werden er tegen een gereduceerd tarief geknipt. Volgens mij zag-ie mij daarom liever gaan dan komen. Zwijgend – een zeldzaamheid voor een kapper – werkte hij mij zo snel mogelijk af. Als ik bofte was ik niet meteen aan de beurt en kon ik nog even door *De Lach* of de *Panorama* bladeren. Daar stonden meisjes in met weinig kleren aan.

Naar het frictionnetje dat mijn vader altijd kreeg als hij zich liet knippen, kon ik fluiten. Tot mijn teleurstelling. De glanzende, zilverkleurige flacon met de oranje rubber knijpbal waarmee een wolkje lotion in de nek werd gespoten, vond ik fascinerend. Misschien was hier sprake van de stille wraak van de kapper die mij verdacht van de stoffige balafdrukken die hij steeds maar weer op zijn winkelruit aantrof.

Daarin had hij gelijk. De straat was mijn stadion. De ramen waar de buren uit hingen de zitplaatsen. De hoge stoep op nummer 43 een staantribune. Er ging bijna geen avond voorbij of ik voetbalde er met mijn vriendjes. En iedere ochtend voordat de kapper openging, moest hij eerst zijn etalageruit lappen. Inmiddels is het een benedenhuis. Volgens een bordje op het raam worden er geen haren meer verwijderd maar fietsen.

'Je zou toch naar de kapper gaan?' vroeg mijn vader toen hij thuiskwam.

Die woensdagmiddag was de kapper nog sneller klaar geweest dan anders. Ik had hem een foto uit een *Panorama* op zijn leestafel laten zien. Daarop stond Dave Berry tijdens het Knokke-Festival 1965. De oren ruim bedekt. De hals onzichtbaar. Een pony net boven de ogen. Hij had de kappersstoel laten zakken, een papieren kraagje in mijn overhemd gefrommeld en voor de vorm een plukje links en rechts weggeknipt.

Mijn vader liet mij kiezen. 'Wil je dat ik zelf een schaar pak?' Of hij bracht me naar de overkant. Of ik ging zelf.

Ik voelde de schaamte toen ik er de volgende dag binnenstapte. Het geld voor mijn nieuwe knipbeurt had ik uit mijn eigen spaarpot moeten halen. De zwijgende kapper liet, zacht snorrend, zijn tondeuse spreken. Mijn nek werd opgeschoren en mijn oren werden weer zichtbaar gemaakt.

De kapper liet mij kiezen: of ik mijn scheiding links wilde of rechts. Nadat hij klaar was, pakte hij een handspiegel en liet mij geroutineerd mijn gekortwiekte achterkant zien. Mijn haar was nu korter dan dat van mijn vader op de foto met zijn twee broers.

'Een frictionnetje?' vroeg de kapper terwijl hij mijn haren uit zijn kapperscape klopte.

Als ik nu door de Gerard Doustraat loop, tel ik zes kappers, allemaal gevestigd in het stuk tussen de Eerste Sweelinckstraat en de Ferdinand Bol. Degene met voornamelijk Surinaamse clientèle zijn als een clubhuis. Jongemannen zitten er op de stoep. Er wordt gedronken en gelachen. Uit de openstaande deur klinkt muziek. Binnen staan vaak drie tot vier kappers uiterst secuur de kapsels vorm te geven. Er worden scherpe lijntjes gesneden. Muzieknoten in een kapsel aangebracht. Bliksemflitsen over een kruin gespannen.

Nog geen twintig meter verderop is er sprake van een serene rust. Aan een helwitte salon die zich afficheert als 'Uw Topstylist' lijkt weinig behoefte in de buurt: ik heb er nog nooit iemand binnen gezien. De kinderkapper is een kruising tussen de kermis en de ZARA. Een jeep en een motor uit een draaimolen fungeren als stoel. Er staan rekken vol dameskleding, handel die geknipt is voor de wachtende moeders.

Ik wandel naar het deel van de Ferdinand Bolstraat dat begint waar de slopershamer stopte toen in de jaren negentig de bottelhal van de Heineken Brouwerij werd afgebroken. Deze heeft plaatsgemaakt voor het Marie Heinekenplein, een halve cirkel die een hap uit de straat heeft genomen. Een veertien verdiepingen hoog flatgebouw doet een geslaagde poging om te detoneren. Het kijkt neer op wat vreugdeloze horeca-initiatieven en hun terrassen, een fontein en een winkelpassage waarvan Dirk van den Broek de hoofdhuurder is. Ik heb weleens gelezen dat nieuw ontwikkelde pleinen er veelal niet in slagen om echt tot leven te komen. In ieder geval niet in Amsterdam. Neem het Bos en Lommerplein. Of het Max Euweplein, dat een verbinding vormt tussen de Weteringschans en het Vondelpark. Ook daar wil de stemming er maar niet in komen. De vrolijkheid voelt daar als het ingeblikte applaus tijdens een aflevering van *Funniest Home Videos*. Restaurants en cafés komen en gaan er in hoog tempo. Stamgasten krijgen geen tijd om er wortel te schieten.

Ik ben nieuwsgierig of op het stuk Ferdinand Bol na Marie de kapper waar mijn moeder vroeger naartoe ging nog gevestigd is. Op dat adres zit nu echter Ginger, een Burger, Steak & Karaoke Bar. Soms kwam ik mijn moeder ophalen om haar te helpen als ze na het kappersbezoek boodschappen ging doen. Een dameskapsalon. Het mysterieuze gezelschap dat verstoord opkeek vanuit hun tijdschrift als er een man binnenkwam, al was-ie nog geen tien. Het was een andere wereld: de hete geur die de droogkappen verspreidden, de haarlak, de shampoo. De kunstige kapsels die onder vaardige vingers in elkaar gedraaid, gevlochten en gespeld werden. Alsof elk moment Ed van der Elsken kon binnenkomen om een plaatje te schieten.

Als mijn moeder er was geweest, zat haar haar goed.

‘Hoe vind je het zitten, Har?’ vroeg ze als ze thuiskwam. Ik zat aan de keukentafel. Ze deed haar hoofddoekje af dat ze had omgedaan om haar nieuwe kapsel te beschermen tijdens de korte wandeling van de Ferdinand Bol naar huis: een soort onthulling, zoals wanneer onze buurman de beschermhoes van zijn Opel weghaalde. Hij was een minutieuze poetser, die af en toe alleen even poetste, de auto startte en ’m daarna weer toedekte.

‘Volgens mij heeft-ie helemaal geen rijbewijs,’ meende mijn vader.

Hijzelf ook niet, maar dat durfde ik niet te zeggen.

De drie aaneengesloten panden in de Frans Halsstraat tussen de Eerste Jacob van Campen en de Stadhouderskade worden nu weer bewoond. Op de gevel staat de vorige functie: VOORHEEN EAU DE COLOGNEFABRIEK 4711. Nadat ‘De Boldoot’, zoals de buurt het complex noemde, eind jaren zeventig was vertrokken, kwamen de panden leeg te staan. Niet veel later werden ze gekraakt. Toen mijn broer net oud genoeg was om niet meer met mijn ouders mee te verhuizen naar Almere vond hij er een plek. Hij ontmoette er Iwan, die verslaafd was aan heroïne. Junks kende ik alleen als graatmagere rammelkasten, maar Iwan woog ten minste 140 kilo. Een jaar later was-ie dood. Niet door een overdosis, maar door een mes. Een woordenwisseling werd een steekpartij. Er woonden twee Duitse meisjes, niet ouder dan zestien. Die waren dan weer wel doorzichtig dun. In het pand hing nog steeds een nadrukkelijke geur van eau de cologne. De elektriciteit was afgesloten en er was geen water.

In de vloeren waren gaten gemaakt, in een vergeefse poging om het voor wonen ongeschikt te maken. Lichter dan schemerdonker werd het er nooit. Bij mijn broer langsgaan was een uitdaging.

'Alles beter dan Almere,' zei hij.

Toen het complex nog in bedrijf was, scharrelde ik er graag rond met mijn vriend Robbie Fleer. We keken met bewondering naar de man die de vorkheftruck bestuurde. Vooral als hij achteruitreed, met zijn bovenlichaam half gedraaid, een hand boven op het stuur, snel links en rechts draaiend. Het precieze plaatsen van de pallets met eau de cologne in het wachtende vrachtwagentje.

Mijn moeder hield niet van Boldoot. Het deed haar aan haar moeder denken. Voor Moederdag kocht ik met mijn vader Maja voor haar. Dan was er een speciale aanbieding en zat het in een mooi doosje met een stukje zeep erbij. Bij drogisterij Van der Groep bij ons in de straat stond een enorme fles Maja eau de cologne in de etalage. Volgens mij kon daar meer in dan in de metalen, ronde containers die de drogist met stookolie vulde voor onze kachel. Tijdens het kleine stukje tussen de drogist en ons huis moest ik ze altijd twee keer neerzetten omdat de dunne handvatten van die diepe moeten in mijn palmen drukten.

Als de vorkheftruckchauffeur voldoende druk was om niet op ons te letten, glipten we het onderstuk binnen. Niet omdat er echt iets van onze gading te halen was, maar voor de spanning. Ons even verstoppen achter de dozen met geurwater. Ooit wisten we een kleine houten pallet naar buiten te krijgen, een vloer voor de hut die we in de bosjes achter de speeltuin aan het maken waren. Met de achter een stapel dozen gevonden schroevendraaier verwisselden we naambordjes in de buurt. Zodat de familie Veerman plots op driehoog woonde en mevrouw Scheepmaker-de Lange op eenhoog.

Af en toe vonden we een paar einden elektrapijp, dunne, bleekgele, kunststof buizen die ons hart sneller deden kloppen, alsof we nu wel op een verborgen schat achter de Boldoot-dozen waren gestuit. Niet dat deze zo duur waren, maar omdat we ze niet mochten kopen. We konden er blaaspijpen van maken.

'Die dingen komen er hier niet in,' zei mijn vader.

Het argument dat mijn zakgeld toch mijn eigen geld was kon hem niet vermurwen.

Omdat Robbie ze ontdekt had, mocht hij als eerste kiezen. Hij nam een lang en een wat korter eind waar hij twee lege luciferdoosjes tussen zette. Met grijs plakband uit de gereedschapskist van zijn vader plakte hij beide einden aan elkaar. 'De bovenste is het vizier,' zei hij.

Ik wist wat hij bedoelde. In mijn speelgoedkist zat een dinky toy, een landrover van het Engelse leger. In de achterbak was een machinegeweer bevestigd, waar bovenop ook zoiets zat waardoor je beter kon mikken.

Maar ik moest het zonder doen, want er was er maar eentje over. Door de uiteinden daarvan over de straattegels te halen, schuurde ik de scherpe kanten eraf. Je wilde toch niet dat je zelf gewond raakte als je met pijlen ging schieten.

Aan ammunitie geen gebrek. Heel secuur scheurden we smalle stroken papier uit de telefoonboeken in de cel op het

Picopleintje, halverwege de Ferdinand Bol.

Om het basismateriaal voor onze pijlen meteen voorhanden te hebben, stopten we stroken voor in onze broek, als een papieren lendenlap. In onze hut draaiden we een strook rond onze wijsvinger, trokken het tot een puntje en likten het vast met spuug.

'Jodenlijm,' meldde Robbie.

We maakten een voorraad pijlen die we in de borstzak van ons overhemd staken.

Tramlijn 16 reed door de Ferdinand Bol. Door mee te lopen als-ie optrok bij de halte, wisten we dat we onzichtbaar zouden blijven voor de overkant van de straat. Robbie had zoiets een keer gezien in *De kanonnen van Navarone* toen hij in de Rialto naar binnen was geglipt, waar die oorlogsfilm draaide. Dat die Duitse legertruck nu een Amsterdamse tram was, maakte het voor ons niet minder heroïsch.

We zochten een plek in de portiek van de stoffenwinkel tegenover de kapper in de Ferdinand Bol en wachtten.

De eerste pijl schampte alleen nog de rug van de vrouw met het donkere haar die net de kapsalon had verlaten. Wat verderop was ze voor de etalage van Goezinne gestopt, een winkel in huishoudelijke artikelen en serviesgoed. Toen twee pijlen vlak na elkaar in haar nieuwe, hoog opgetaste haar belandden, had ze pas wat door. Haar handen tastten aarzelend omhoog. Ze bekeek zichzelf in de winkelruit, terwijl een voorbijganger haar gniffelend voorbijliep. Robbie en ik hadden ons inmiddels onder de dekking van de tram uit de voeten gemaakt.

De opwinding die we voelden bij de belofte aan een onuit-

December 1951, mijn ouders hadden net verkering.

Mijn vader gaat ervoor! De trouwdag van mijn ouders op 1 mei 1954 in het stadhuis van Amsterdam aan de Oudezijds Voorburgwal, thans The Grand Hotel.

Het pasgetrouwde echtpaar met de wederzijdse ouders. Links oma Miegie, de moeder van mijn moeder, met haar toenmalige partner Massie. Rechts de vader van mijn vader, opa Auke, met zijn tweede vrouw Riek.

9 augustus 1958, mijn tweede verjaardag.

Eind jaren vijftig, bij de Grote Speelvijver in het Amsterdamse Bos. Mijn moeder en ik (met zonnehoed) en mijn neef Ronald in het water.

Halverwege de jaren zestig, op camping De Molshoop in Hilversum. De familie heeft zich verzameld. Rechts mijn moeder, daarnaast zit ik. Links op de hoek mijn vader, nog zonder baard. Bij wijze van uitzondering is het droog.

Midden jaren zestig in de Jacob van Campenstraat 52[1]. De schrijver in zijn werkkamer. Mijn broer Jeroen kijkt toe.

Begin jaren vijftig. In het midden toen nog 'de Heineken's Brouwerij'. Rechts ervan de Ferdinand Bolstraat. Eerste straat rechts: de Eerste Jacob van Campen. © AVIODROME, Lelystad

De Albert Cuypmarkt in de jaren zestig. Autoverkeer tussen de kramen en het publiek was toen nog toegestaan. © Frits Weeda/ Stadsarchief Amsterdam

31 augustus 2019, mijn moeder kijkt toe op de trouwdag van mijn dochter.
© Kees Rijken

De foto van mijn vader (uit 2014) die in de kookboekwinkel hangt.

1967. Eerste Jacob van Campenstraat. Halverwege rechts Automobielbedrijf Van Leeuwen, waar wij aan de rechterkant, op nummer 52, boven woonden. Stadsarchief Amsterdam

puttelijke voorraad pijlen en nieuwe slachtoffers van de dameskapsalon op zaterdagmiddag. Secuur zochten we ze uit. Aan de korte Corry Brokken-koppies viel geen eer te behalen. Hoofddoekjes lieten we ongemoeid. Het waren de etage-kapsels die eraan moesten geloven.

Pijlen zoefden, werkten zich door vlechten en boorden zich door de haarlak. De verwarring bij de getroffenen, de slappe lach die we kregen. Een vrouw wilde geschrokken de pijl uit haar kapsel slaan, omdat ze dacht dat het vogelpoep was, waardoor de zorgvuldig opgebouwde constructie deels instortte.

Het hoogtepunt liet lang op zich wachten maar was de moeite waard. Een pronte blondine met een opbouw als een slagroomtaart paradeerde op hoge hakken de kapper uit en werd getroffen door een salvo. Vijf stuks.

Overmoedig geworden hadden we onze dekking verwaarloosd. We hadden de tram gemist.

Ik zag dat het tante Aaf was, de beste vriendin van mijn moeder.

En tante Aaf zag mij.

Toen ik thuiskwam vroeg mijn vader of ik die blaaspijp even wilde halen.

Hij sloeg me er niet mee.

Maar hij brak 'm wel in drie stukken.

13

De platenwinkel om de hoek

'Janny, heb je al beeld?'

Mijn moeder zit gespannen voor de televisie met het raam naar de binnentuin wagenwijd opengeschoven. Peter, de rode kater, ligt te soezen in het zomerzonnetje. Binnen sneeuwt het.

Op het dak probeert mijn vader daar een eind aan te maken door aan de speciale antenne te draaien waarmee de tv-uitzendingen vanaf het REM-eiland kunnen worden ontvangen.

'Janny?!' klinkt het weer terwijl de witte kabel die langs de achtergevel hangt lichtjes beweegt.

Het kan niet anders dan ergens in 1964 zijn geweest. In augustus van dat jaar had de Reclame Exploitatie Maatschappij commerciële televisie in Nederland geïntroduceerd. Een heuse zender extra. Tot die tijd moesten we het doen met Nederland 1 en 2. En die zonden toen alleen 's avonds maar een paar uurtjes uit.

Ik zie mijn vader nog triomfantelijk binnenkomen met

de antenne die hij in de Ferdinand Bolstraat had gekocht bij Smids Electro, waarvan hij de etalage anders nooit een blik waardig keurde. Stekkers, snoeren en verloopstukken. Nu had hij er in de rij gestaan. Toen de kranten begonnen te schrijven dat er negen kilometer buiten de kust van Noordwijk een tv-zender kwam op een speciaal voor dat doel gebouwd platform, gingen dagelijks honderden antennes over de toonbank. Het had iets avontuurlijks. Iets rebels. De regering was ertegen. Een soort Radio Oranje.

'Janny, we hebben REM!'

En mijn vader holde met twee treden tegelijk de trap op naar het dak.

'Auke, doe je wel voorzichtig?' riep ze hem na. De kat van de buren van driehoog was al eens uit de goot gevallen en die had daar volgens mijn vader 'een slag in zijn wiel aan overgehouden'.

Met de REM zouden we meer zenders hebben dan onze Surinaamse bovenburen, Moesje en tante Nettie, maar zij hadden dan wel weer eerder een tv dan wij. Als er iets leuks was mocht ik bij hen komen kijken. Zo maakte ik kennis met *The Flintstones* en moesten mijn tantes op verjaardagen lachen als ik 'Yabba Dabba Doo' riep, de kreet van mijn tekenfilmheld Fred Flintstone. Ook keek ik er naar *Bonanza*, een serie die zich in het Wilde Westen afspeelde. Ik verbaasde mij erover dat een cowboyvader drie zoons kon hebben die bijna even oud waren als hij. Mijn moeder heeft mij een keer huilend naar beneden gebracht nadat ik *The Yearling* had mogen zien. In die film speelde Gregory Peck een boerenpionier die een door zijn gezin geadopteerd hertenkalfje had moeten neerschieten omdat het steeds de oogst opat. Nadat het schot had geklonken, was ik zo ontroostbaar dat ook mijn moeder in snikken uitbarstte terwijl ze naast me op bed zat, over mijn rug wreef en maar herhaalde: 'Het was niet echt. Het was niet echt.' Hoe kon zij dat nou weten, zij had de film niet eens gezien.

Bij Pipo was dat risico tot tranendal er niet. 'Hup Nononono', Mamaloe, Dikke Deur, 'Sapperdeflap!' Tot op heden roept een clown bij mij nog associaties op met de zoet-zwoele geur van ketoembar, massala en minsi. In tante Netties keuken stond altijd wel een pannetje op. De eerste keer at ik argwanend de zelfgebakken maizenakoekjes die hun klein- en achterkleinkinderen verslonden als ze één keer per maand op zondag op visite kwamen. Dan stroomde het trappenhuis vol met nog meer geuren en kleuren.

De deur op tweehoog stond de hele dag wijd open. We renden trap op en af en gleden van de leuning af, zo de straat op. Van Mathilde, een meisje iets ouder dan ik, was ik onder de indruk. Ze kon verbluffend goed voetballen. Toen al. Nu zou ze vast prof zijn geworden. Schoorvoetend lieten wij haar meedoen. Mijn vriendje Ronnie vroeg of ik ook met haar zoende. Maar daar dacht ik als achtjarige niet aan. Misschien zij wel. Want ze was elf en ze had al een beetje tietjes. Ook droeg ze een echte Levi's spijkerbroek. Eentje die ik ook zo graag wilde hebben. Maar bij ons op eenhoog was het hoogst haalbare Jinglers, het C&A-surrogaat. Mathildes vader werkte bij Fokker op Schiphol, en niet als machinebankwerker bij een klein bedrijf in de Dirk van Hasseltsteeg, zoals de mijne.

We voelden allemaal de opwinding van die eerste weken dat er op de REM werd afgestemd. De langzaam opwarmende televisie die vanuit een traag optrekkende mist de avonturen prijsgaf van Rin Tin Tin, de heldhaftige Duitse herder. Mijn oma Miegie wilde daar nooit naar kijken. Ze had nog steeds een hekel aan alles wat Duits was. Bovendien hield ze niet van honden. Misschien omdat ze die in de oorlog had moeten eten. Haar oorlogsleed werd tenietgedaan door *Mister Ed*, het sprekende paard, die haar deed huilen van het lachen. Later begreep ik dat Mister Ed zijn mond bewoog omdat er een nylon bit in was gestopt waaraan getrokken werd. De Partij voor de Dieren zou er nu Kamervragen over hebben gesteld.

Mijn vader en ik keken naar *De Onzichtbare Man*, maar die was nu echt onzichtbaar omdat een herfststorm de antenne had verdraaid. 'Janny, heb je al beeld?' klonk het weer vanaf het dak.

Toen de sneeuwstorm was gaan liggen, konden we nog net een aftiteling zien en kwamen de reclamespots. Opwindend, want die bestonden daarvoor niet. Ik was gefascineerd door de complete verhaaltjes die binnen dertig seconden verteld werden, door het enthousiasme waarmee de stemmen de handelswaar aanprezen, de jingles die klonken, de vormgeving van de letters. Misschien werd toen al de fundering gelegd voor mijn latere carrière als reclameman. Mijn vader begon Brylcreem te gebruiken. Zijn haar ging er lekker van ruiken. Ik wilde Coca-Cola drinken in plaats van bruine Exota, Champagnepils.

In december van dat jaar al kwamen we zonder REM te

zitten. Door het aannemen van een noodwet waardoor de uitzendingen illegaal werden, had de regering de stekker eruit kunnen trekken. Op de daken in het land bleven tienduizenden antennes verweesd achter. Sinds een paar jaar is het REM-eiland overigens weer te zien in Amsterdam. Het platform is naar de Nieuwe Houthaven gesleept, waar het omgebouwd is tot restaurant. Toen ik er iets wilde bestellen bleek de ober de onzichtbare man.

Ik rijd industriegebied De Schinkel binnen dat zichzelf lof toezwaait met de slagzin HET OUDSTE INDUSTRIEGEBIED VAN AMSTERDAM. Het ligt pal achter het Hoofddorpplein, nog net binnen de ring A10. Ooit was het een rafelige lappendeken van loodsen, hangars en andere vooral lelijke, functionele gebouwen. Een epicentrum van tapijthallen, doe-het-zelfzaken en uitlaatpijpverkopers. Thans worden er verwoede pogingen gedaan om het tot een creatieve broedplaats te maken. Reclamebureaus hebben zich er gevestigd. Modemerken. Er aarzelen wat horeca-initiatieven: zaakjes met kale bakstenen muren, een bar van sloophout en het onvermijdelijke schoolbord waarop het menu staat te lezen (VANDAAG QUINOASALADE!). Het vermoeid ogende complex dat aan de buitenkant van De Schinkel staat fungeert nog steeds als opslag voor vaak even vermoeide inboedels.

Onlangs heb ik onze opslag opgeruimd, waar ook de huisraad van mijn ouders in stond. Mijn vrouw en ik hadden er een hele dag voor uitgetrokken om de container op industriegebied De Schinkel minutieus uit te kammen. Maar het was binnen twee uurtjes gepiept. Ontspullen ontspant je.

Toen mijn ouders na vijfendertig jaar Almere Stad weer terug naar Amsterdam kwamen, paste niet alles meer in hun nieuwe tweekamerappartement. Hun huis met zes kamers aan de Meppelsingel stond helemaal vol. Aan weggooien deden ze niet. Meubels, theepotten, televisies, autoradio's en pick-ups. In de twee toiletten fungeerden stapels boeken als bijzettafeltjes voor vazen met droogbloemen. De muren hingen vol met verjaardagskalenders, ansichtkaarten van poezen, en aan de plafonds waren hanglampen gemonteerd waarvan er slechts één dienstdeed. Meppelsingel 53 in Almere Stad was een dependance van de uitdragerij van Malle Pietje uit de televisieserie *Swiebertje*.

In de opslagcontainer vond ik de oude Philips-draaitafel waarvan het deksel de geluidsbox was. Ik bladerde door de koffertjes met de langspeelplaten van mijn vader. Hij was een liefhebber van jazz, bigbands en blazersensembles. Graag hoorde hij het koper schetteren. Sinatra-fan was hij ook. In gedachten zat ik weer met hem voor de televisie. Een kleuren-tv dit keer, het waren de jaren zeventig. Loewe Opta. Overigens zelf wel uitgevoerd in zwart-wit. Een hoogglans witte kast, met zwarte biezen en knoppen. De afstandsbediening was ik.

'Har, zet jij hem even op 1?'

Als-ie eenmaal zat, dan zat-ie. Na een jarenlange studie analyseerde mijn vrouw onlangs dat ik inmiddels op dezelfde manier tv zit te kijken als hij. Ik weet niet of ik mij daar zorgen over moet maken, maar ik geloof niet dat ik het als een compliment moet opvatten. Hoewel ze dol was op haar schoonvader.

Op de Nederlandse tv werd *The Main Event* uitgezonden, het concert dat Frank Sinatra in oktober 1974 in Madison Square Garden gaf. De aankondiging van sportcommentator Howard Cosell is legendarisch en ieder keer als ik deze hoorde, murmelde ik voorzichtig mee. Ik hoop dat ik 'm ooit uit mijn hoofd ken. Toen ik laatst via Spotify na tientallen jaren weer eens naar *Sinatra's Sinatra* luisterde, bleek ik alle nummers van dit album nog mee te kunnen zingen. 'In the wee small hours of the morning'. 'All the way'. 'Nancy'. 'I've got you under my skin'. Sinatra kan ik niet horen zonder aan mijn vader te denken.

De muziek die ík op mijn negende mooi vond was aan hem niet besteed. 'Kattengejank,' vonniste hij. En al had ik me er toen nog niet heel erg in verdiept, ik meende toch echt dat dit The Beatles waren.

'Kan die radio wat zachter?!' bitste hij. 'Echt iets voor meisjes.'

Toen wij in de Cineac Reguliersbreestraat naar de doorlopende voorstelling gingen, had het *Polygoonjournaal* een item over een concert van de razend populaire groep. Mijn vader refereerde met zijn opmerking 'echt iets voor meisjes' niet alleen aan de gillende bakvissen van wie sommigen flauwvielen terwijl Philip Bloemendal verslag deed. Vooral de lengte van het haar van John, Ringo, Paul en George was de aanleiding. Mijn oom Ab, die iedereen altijd 'slijmerd' noemde, begroette mij op een verjaardag eens met 'Hé, Beatle' omdat er wat lokken over mijn kraagje vielen. Mijn vader stuurde mij de volgende dag meteen naar de kapper. Een herenkapper, welteverstaan.

In de Ferdinand Bolstraat, pal om de hoek van de Eerste Jacob van Campen, is nu Limeleaf gevestigd, een lichte, in frisgroen uitgevoerde zaak die Your Asian Kitchen belooft. Het menu voorziet in salades, noodles, 'bites and drinks'. Nu nog wel. Het pand staat te huur. Niet iedere horecaformule in De Pijp voorziet in een behoefte. Op hetzelfde stukje zitten pal naast elkaar ook al het modern Israëlische Bardak en Eazy, 'voor al uw salads, woks and smoothies'. Alleen Witbaard, de feestartikelenwinkel op de hoek met de Quellijnstraat, en een etalage waar wat aardewerk staat uitgestald, zijn branchevreemd.

Op de deur waar nu TE HUUR is aangeplakt, hing vroeger de Veronica Top 40. Op zaterdagochtend liep ik meteen naar de platenwinkel om te kijken wat er die week in de muziekwereld was gebeurd. 'Is de nieuwe Top 40 er al?'

Het velletje kreeg ik mee van het meisje dat er werkte, in mini-jurk zoals het hoorde. Ik holde naar huis om mij later die dag voor de radio in de keuken te installeren als Veronica ging uitzenden. Het ongeloof toen ik zag dat 'Als ik de golven op het strand zie' van Ria Valk hoger stond dan 'Yesterday' van The Beatles. Maar die eerste was dan ook net de hitlijst binnengekomen. Het werd weer goedgemaakt door hun 'Help' dat al veertien weken genoteerd stond en naar de tweede plek was gestegen, pal onder 'This Strange Effect' van Dave Berry die ik ook goed vond. Vooral zijn kapsel.

Ook de winkel was een toonbeeld van moderniteit. Bakken van licht hout vol met langspeelplaten, door kleurig hardplastic panelen verdeeld op genre, op alfabet, soms op artiest. Als een kunstexpositie waren sommige hoezen aan nylondraadjes gehangen die zachtjes heen en weer wiegden. Misschien wel door het ritme van de muziek dat uit de boxen kwam. Voor de doe-het-zelvers werden er gitaren verkocht. Bij mij op de lagere school zat een meisje in de klas dat er eentje had. Ze mocht van de juf komen spelen, op het podium waar haar tafel stond. Ze speelde 'Altijd is Kortjakje ziek'. Daarmee zag ik haar niet met stip binnenkomen in de Top 40. Ik schaamde me voor haar. De juf klapte, gevolgd door de meisjes, sommige jongens voor de vorm. Of misschien toch uit bewondering, omdat zij het durfde.

Eén kant van de winkel werd volledig in beslag genomen door een houten meubel waar de draaitafels stonden. Het meisje met het mini-jurkje wreef met een wit stoffen handschoentje over het singletje dat daarna werd opgezet. Ik wilde ook zo'n handschoen. Maar ik had helemaal nog geen plaatjes om te koesteren. Af en toe durfde ik te vragen of ik er ook eentje mocht horen. Behalve The Beatles vond ik 'Il Silenzio' van Nini Rosso ook mooi. Misschien wel omdat mijn vader altijd zei dat hij het zo knap vond als je zo goed trompet kon spelen. Hij bleek niet de enige. In 1965 was het een nummer-1-hit in Duitsland, Italië, Oostenrijk en Zwitserland. Mijn vader vroeg of ik het misschien leuk zou vinden om op trompetles te gaan.

Ik ging mijn eerste singletje kopen. Ik had gespaard: ik had genoeg oude kranten weggebracht naar de visman op de Cuyp en ging met een redelijk schoolrapport langs tantes en omes in de buurt. Toen mijn moeder haar portemonnee had laten slingeren, had ik daar twee kwartjes uit gehaald. Dit keer zonder dat ze het zag. Ze had mij al eens betrapt met mijn hand in haar knip. 'Je krijgt ook zelf zakgeld,' had ze gezegd en 'm afgepakt.

Het was druk in de platenwinkel. Alle luisterplekken waren bezet. De baas van het meisje was nieuwe hoezen aan het ophangen. Hij had beatlehaar en droeg een beatlesjasje en een dunne stropdas. Bij de platenbakken zag ik de broertjes Imming, een uit de kluiten gewassen tweeling met wie ik in hetzelfde voetbalteam zat. Stoere, blonde knullen, een kop groter dan ik en een jaar ouder, die niet schroomden om ook na de wedstrijd de tegenstander nog even op te zoeken.

Het leek alsof mijn meisje met het mini-jurkje extra blij was om mij te zien. Alsof ze voorvoelde dat ik bij haar mijn allereerste singletje kwam kopen.

'Kan ik je helpen?' vroeg ze.

'Heel graag, "Il Silenzio" van Nini Rosso. En mag ik 'm nog even beluisteren?'

Ineens besefte ik hoe onvoorstelbaar kinderachtig mijn keuze was.

Daarom hakkelde ik: 'Iets van The Beatles...'

'Welke van The Beatles?'

Maar er wilde mij geen titel te binnenschieten en ik schaamde me.

Zonder dat ik het in de gaten had gehad was mijn vader mij achterna gelopen. Maar zijn stem die vanachter uit de winkel klonk, hoorde ik – en ik niet alleen – luid en duidelijk. 'Niks The Beatles! Je wilde Nini Rosso! Nini Rosso! "Il Silenzio"!'

Het werd stil in de platenwinkel. Voor mijn gevoel stopte

zelfs de muziek even, die er toch constant uit de luidsprekers klonk.

Niet veel later liep ik samen met mijn vader terug onze straat in, met mijn eerste plaatje in een mooi klein tasje in mijn hand.

In plaats van dat ik blij was, schaamde ik me. Voor mijn vader. En voor mijn muziekkeuze.

14

Linksaf bij het Rijks

Mijn vader stond te tieren op een keukenstoel die hij op de tafel in de woonkamer had gezet. Het wiebelde en mijn moeder hield naar zijn zin de poten niet goed genoeg vast.

Hij was bezig het verlaagde plafond naar beneden te halen na jaren trouwe dienst. Het was een door hemzelf gemaakt lomp object van donker gelakt hout dat uit tientallen vakken en vakjes bestond. Ooit was het bedoeld om de kamer wat knusser te maken en om het oorspronkelijke plafond vol barsten en gaten enigszins aan het oog te onttrekken. Welbeschouwd had het de vorm van een grote letterbak en dat was precies waarvoor het hergebruikt ging worden. Het bouwwerk dat met acht koperkleurige kettinkjes was opgehangen, werd rechtop tegen de lange muur van de kamer gezet om aan een nieuw leven als wandmeubel te beginnen.

'Janny, hou me nou vast!'

En hoewel mijn vader veel gereedschap had, was hij er niet erg handig mee. Als er op zijn vermeende talent een beroep werd gedaan, sloeg dat veelal om in nervositeit.

'Janny!'

Het kon zijn dat mijn moeder even afgeleid was door de kat die door het openstaande raam vanuit de binnentuinen naar binnen kwam. Of dat ze even ergens anders met haar gedachten was. Dat lag meer voor de hand. Ze moest oppassen dat ze de slappe lach niet kreeg.

Zijdelings keek mijn moeder mij even aan. Op dergelijke momenten maakte ik deel uit van de samenzwering. Toen mijn vader een huisbar begon te bouwen, was ik getuige geweest van oplopende irritaties, boos weglopen en met deuren slaan. Half klaar heeft het ding nog een paar jaar op z'n kant in de slaapkamer van mijn ouders gestaan. Mijn moeder gebruikte 'm maar om de nog te strijken was op te leggen. Uiteindelijk moest de bar wijken omdat op die plek mijn treintafel kwam te staan. Net als het voetbalspel ook zelf gebouwd. Met veel getier. En met het grote halfronde hardboard paneel dat deel had uitgemaakt van de bar. Zodoende kende mijn spoorcomplex een ongewenst glooiend effect en liepen mijn wagons vaak uit de rails.

'Janny, pak 'm nou aan!'

Langzaam kreeg het wiebelende ding vaste grond onder de voeten, onwennig zwaaiend.

Mijn moeder stak haar hoofd door een van de vakken en zei: 'Kiekeboe!'

Mijn vader kon er niet om lachen.

Inmiddels was mijn broertje van acht er ook.

'Kiekeboe!' riep ook hij, waarna mijn vader hem een schop onder zijn kont gaf.

Daar kon ik dan weer wel om lachen.

Mijn broertje liep huilend de kamer uit, met mijn moeder in zijn kielzog, waardoor ik overbleef om mijn vader bij te staan met het plaatsen van het plafond tegen de muur. Eigenlijk wilde ik net gaan voetballen op straat. Ik besloot extra mijn best te doen in de hoop de spanning uit de lucht te halen. Tijdens het voorzichtige geschuif viel de gammele constructie deels uit elkaar, als een flatgebouw dat door een ontploffing langzaam ineenzeeg. Al was het mijn schuld niet, mijn vader keek mij verwijtend aan. Ik zag 'm een 'godver!' wegslikken.

Een dag later was mijn moeder al begonnen met de inrichting van het voormalige plafond dat weer door mijn vader in elkaar was gezet. Ze had in de loop van de jaren een verzameling flesjes aangelegd. Bij Het Flessenhuis van Ledegang ('annex electrische flessenspoelerij') verderop in de straat had ze kleurige miniatuurtjes gekocht. De apotheek in de Ferdinand Bol die ermee stopte, toonde zich een gulle gever. Op vuilnisbakkendag ontpopte ze zich als morgenster. Ik herkende ook de flesjes waaruit ik op school melk kreeg. Ik kon ze niet zien zonder aan de laag room te denken die erop lag en waarvan ik gruwde.

Ze bleef bijzondere flessen verzamelen tot we in 1969 naar het Hygiëaplein in de Stadionbuurt verhuisden. Een nieuw adres, een nieuwe hobby. Daar stortte ze zich op minicactusjes en Chinese lantaarntjes, die door het hele huis voor de ramen werden gehangen, uitgestald op kleine houten constructies van twee en soms drie etages. Mijn vader had ze gemaakt met ruw touw en de restanten van het tot wandmeubel omgebouwde plafond. Ik was benieuwd in welke hoedanigheid ik de bouwmaterialen opnieuw zou tegenkomen als deze verzameldrift was uitgewoed.

Opgewekt komt mijn moeder de kookboekwinkel binnen. In plaats van het gebruikelijke paar schoenen dat ze ergens op een markt op de kop heeft getikt ('Vijf euro! Echt leer! Schitterend toch?') haalt ze nu twee theepotten uit haar tas.

'Wie gooit nou zoiets weg?'

De morgenster in haar is nog steeds niet gedoofd.

Toen ze nog in Almere woonde, verzamelde zij lampetkannen. Het hele huis stond er vol mee. In kasten. Op kasten. Op iedere traptree. De minst mooie belandden in de tuin. Nu heeft de liefde zich verlegd richting theepotten. Ze heeft er al vijfenzeventig. Overigens drinkt ze zelf geen thee.

Ik ga met haar mee naar huis om de kast in elkaar te zetten die ze heeft gekregen van mevrouw Kaptein, haar oude overbuurvrouw in het aanleuncomplex waar ze woont. Dan kan ze weer wat theepotten kwijt. Aan de achterkant hangt een plank scheef. Door de ontstane kier zeg ik 'kiekeboe' tegen haar. Ze kijkt mij verbaasd aan.

In de berging in de kelder van het kleine complex waar mijn moeder woont, komt ze niet. Ze is bang dat ze de trap naar haar appartement niet terugvindt. Ik ga op zoek naar spijkers om de plank in de kast vast te zetten, doe de oude gereedschapskist van mijn vader open en pak de hamer eruit. In het handvat heeft hij aan de ene kant HAMER gebrand. En aan de andere kant SMA. De neiging om het hout even te strelen kan ik niet onderdrukken. In bijna dezelfde beweging voel ik aan zijn oude, versleten leren portemonnee die ik na zijn dood in mijn linkerbinnenzak heb. Altijd op mijn hart.

De berging is een terug-in-de-tijdmachine. Verzamelen zit in de familie. Van mijn vader kom ik zijn Rizla-plakboeken *Zo leer je vissen kennen* en *Zo leer je tropische vogels kennen* tegen. Het was een kwestie van voldoende sjekkies draaien met Rizla-vloeipapier om de daarvoor benodigde plaatjes te bemachtigen. De boeken zijn compleet. Een prestatie. Mijn vader rookte niet.

In een bananendoos vind ik mijn oude speldjescollectie. Niet in een mooi album maar geprikt in stukken schuimplastic die mijn moeder ooit had gekregen bij het Schuim-PlasticHuis in de Gerard Dou. Ze zijn een mausoleum, een namenmonument voor verloren gegane merken. Vami, Wajang, Vim, Joy, Exota, Green Spot.

Als ik er een nieuwe bij prikte, zei mijn vader dat de loodgieter aan de overkant van de straat in de oorlog ook speldjes verzamelde. Maar dat-ie die aan de binnenkant van zijn revers droeg. Dat was een NSB'er.

Bladerend door de schriften met sigarenbandjes meen ik nog een vage geur van tabak te ruiken. Helder voor de geest staan mij echter de herinneringen aan de kleine achterkamer met voor het raam een rookgordijn, dichtgetrokken door de inspanningen van Ritmeester, Carl Upmann en Velasques. Zondagmiddag. Familiebezoek bij opa en oma. Roken, drinken, kaarten.

Het jachtterrein verleggen naar de frisse lucht. Posten

bij de sigarenwinkel verderop in de Jacob van Campen. Wachten tot er iemand naar buiten komt met een gloeiende bolknak, zojuist aangestoken in de vlam die de sigarenwinkelier permanent op zijn toonbank heeft branden in een zilverkleurige houder.

'Meneer, mag ik uw sigarenbandje?'

De mens: jager-verzamelaar. Flippo's. Voetbalplaatjes. Kruidentuintjes.

Er vallen wat suikerkorrels. In de ringband met mijn suikerzakjesverzameling moeten er een paar stuk zijn gegaan.

Uit nieuwsgierigheid googel ik op mijn iPhone de 'Club van Suikerzakjesverzamelaars in Nederland'. Trots jubelt de homepage dat ter gelegenheid van de TT Assen 2019 er een speciaal suikerzakje werd uitgegeven. Het heeft alles in zich om een collector's item te worden. Ook omdat er nu de pictogrammen van Facebook, Twitter en Instagram op staan. Op de mijne zijn alleen snackbars, koffiehuizen, uitspanningen en telefoonnummers met zes cijfers te vinden. Plus hier en daar een koffievlek.

Mijn DAVO-postzegelalbum is postzegelloos. De transparante klemstrookjes, bedoeld om de zegels onder te schuiven, vormen een lege etalage.

Vanuit De Pijp liep ik regelmatig op woensdagmiddag naar de Postzegelmarkt op de Nieuwezijds Voorburgwal. De straat uit. Het album onder mijn arm geklemd. Over de Hobbemakade linksaf langs het Rijksmuseum, de toeristen waren zelf nog een bezienswaardigheid. Geen ladingen lossende touringcars. Geen steiger met rondvaartboten. De brug over door de Spiegelstraat, de antiquairs in de deuropening wachtend op klandizie. Over het Koningsplein in de richting van de Sherry Bodega.

De Postzegelmarkt was een enclave in het drukke centrum van de stad, een vluchtstrook voor filatelisten. Schragentafels, vaak met een parasol erboven. Soms waren ze gehuisvest in een kleine tent van doorzichtig plastic, als een sneeuwei waarin ieder moment stukjes papier konden gaan dwarrelen. De koopwaar werd hier niet luidkeels aangeprezen maar gefluisterd vanachter slechte gebitten. Postzegels verzamelen was een mannending. Een oudere-mannending. Met pincetten en vergrootglazen in de aanslag stonden ze klaar. Daar kwam ik. Een kleine jongen. Met een te groot album. Een dankbare prooi. Ik zie de vaste poortwachter nog voor me, een mannetje à la Maigret. Een korte regenjas, een kleine hoed enigszins schuin achter op zijn hoofd, een sigaret in de mond die hij haastig uittrapte als hij mijn album aanpakte met de zegels die ik wilde verkopen. Een eerste horde die genomen diende te worden voordat ik zelf op de markt kon gaan kijken of ik wat van mijn gading vond.

'Heb je wat voor me?'

Alsof ik in pillen en in poedertjes deed in plaats van in postzegels.

Hoe klein van stuk de man ook was, ik voelde mij toch altijd geïntimideerd, al was ik als twaalfjarige even groot als hij. Het was de macht van de autoriteit. Soms kwam ik vanaf de andere kant aanlopen in een poging hem te omzeilen, maar dan bleek zijn radar mij toch al te hebben opgepikt. Verveeld bladerde hij langs de bladzijden met zegels die ik de weken daarvoor zorgvuldig had afgeweekt. Als een schatgraver had ik die zelf ontgonnen uit voordelige landenpakketten: Cuba 1000 stuks, Canada 500 gestempeld thematisch, Gehele Wereld 5000 verschillende. Ze dobberden een dag in de afwasbak in de keuken tot de lijm losliet en ik ze kon laten drogen op de theedoeken van mijn moeder. Soms vond hij er iets van zijn gading tussen. Dan likte hij met zijn tong langs zijn lippen als een kind in de snoepwinkel. Om mij er vervolgens vijf cent voor te bieden, voldoende voor een trekdrop, een spekkie of een zak koekkruimels bij Rekers op de hoek van de Saenredamstraat. Nu zit daar Maris Piper. Het is een luxe restaurant dat deel uitmaakt van The Breda Group, een horecaonderneming met meerdere zaken in Amsterdam. Een van de eigenaren is met Katja Schuurman getrouwd. Bij Maris Piper staan geen vijfcents-dingen op de kaart, maar de koningskrab met mayonaise is er erg lekker.

Ik herinner mij nog hoe kwaad mijn vader was toen hij ontdekte dat mijn postzegels allemaal verdwenen waren, te gelde gemaakt om een hardpaarse ribfluwelen Levi's jeans te kopen bij Het Werkmanspaleis op de hoek van de Nieuwendijk. Ik had er weken lopen dralen. Binnen gelopen. Een gele gepast. Een knalgroene. De verkoopsters kenden mij al. De zacht-zoete geur van katoen en textielverf. Ik had de ribbels gestreeld. De smalle pijpen bewonderd. Nog nooit zulke mooie knopen gezien: LEVI STRAUSS & CO. SFCAL. Een mantra in metaal. Het liefst had hij mij hoogstpersoonlijk door de stad gesleept om de broek weer te ruilen.

'Een vod' noemde mijn vader het. Hij hield maandenlang mijn zakgeld in, omdat ik de meeste zegels ooit van hem had gekregen. Ik droeg 'm tot de broek dat predicaat ook werkelijk verdiende, bijeengehouden door een ban-de-bombadge en kleurige lappen, op kont en knieën.

'Wat bleef je lang weg,' zei mijn moeder.

'Ik kon de weg terug niet vinden,' antwoordde ik.

'Daarom kom ik nooit meer in de berging.'

En ze zette haar twee nieuwe theepotten in de kast.

'Koffie?'

15

Onder de rododendrons in het Weteringplantsoen

De naam van mijn vader licht op in het schermpje van mijn mobiel. Nadat hij is overleden heb ik 'Auke Hamersma' in de telefoonlijst laten staan, als een digitaal struikelsteentje. Het is mijn moeder. Normaal gesproken belt ze nooit.

De magnetron is stuk. Al een week geen warm eten.

'Dan had je toch eerder kunnen bellen?'

'Ik ben niet zo'n beller.'

Dit keer is er een vogeltje bij haar binnen. Een van haar vier katten heeft het gevangen. Weliswaar zijn deze viervoeters stuk voor stuk kogelrond door alle maaltijden die voor mijn moeder bedoeld waren, maar nu heeft bij een van hen het instinct het onderhuidse vet getrotseerd.

Ze rept over 'een heel mooi, klein, blauw vogeltje'.

En het leeft nog.

Als ik haar wil zeggen dat ze de dierenambulance moet bellen, neemt ze zelf een beslissing: 'Ik stop 'm in een doosje en dan ga ik ermee naar mevrouw Kaptein aan de overkant van de gang.' Dat is een dame van tweeënnegentig, maar zij weet in het geval van dergelijke calamiteiten altijd kordaat een te volgen koers uit te zetten. Als mijn moeder iets niet weet dan hoeft zij alleen maar aan te kloppen.

'Ze is als een moeder voor me.' Dat krijg ik altijd te horen als zij het over mevrouw Kaptein heeft.

Regelmatig kijkt ze bij haar naar voetbal op tv. Met z'n tweetjes eten ze wat er bij de buurvrouw in de ijskast staat, een *captain's dinner*, veelal in de vorm van een kommetje soep. Meer voor de gezelligheid dan tegen de honger.

De volgende dag hoor ik dat mijn moeder op aanraden van de buurvrouw het vogeltje in het plantsoen achter haar huis op een tak heeft gezet.

Uit het raam van haar appartement voert mijn moeder de duiven. De eenden bij haar vaste bankje aan de Jozef Israelskade krijgen de beschuit die ze die ochtend niet helemaal op heeft gekregen. Als ze zelf een vogel was geweest, hadden haar kleren nu niet zo om haar heen gefladderd.

Verrassend genoeg was het juist mijn vader die erop aan had gedrongen om een papegaai te nemen.

Als het aan hem lag, hoefde een bezoek aan Artis niet langer te duren dan een wandeling door het 'Papegaaienlaantje', pal achter de hoofdingang. Hij was dol op die beesten. Ze deden hem denken aan zijn tijd in Indonesië. Als geschutmaker bij de marine lag zijn taak aan het uiterste puntje van de steiger waar de vliegboten of torpedobootjagers lagen aangemeerd. Hij zorgde ervoor dat de wapens aan boord functioneerden. Terwijl mijn broertje en ik de Apenrots al konden zien, de leeuwen roken en de kinderboerderij lonkte, nam hij rustig de tijd. Uit de bruine papieren zak die hij bij binnenkomst had gekocht voerde hij zaadje voor zaadje, pitje voor pitje de ara's, roodstaartpapegaaien en kaketoes die op standaards een kleurige erehaag vormden. Ze krijsten en wipten op en neer. Hij glunderde en genoot in stilte. Mijn broertje mocht er ook een keer eentje voeren. Een kaketoe ziet een kleuterduim gauw aan voor een doppinda. Troost kwam er in de vorm van een ijsje, Green Spot.

'De beesten lopen niet weg,' zei mijn vader als wij het na een kwartier wel genoeg vonden en in plaats van een papegaaiensnavel het vogelbekdier wilden zien. Daar hadden we op tv een reportage over gezien in *De Verrekijker*, het *Jeugdjournaal* avant la lettre, dat wij bekeken bij onze Surinaamse buren. We wisten zeker dat we op de terugweg nog een keer het Papegaaienlaantje zouden aandoen. In plaats van zijn twee zoons te fotograferen tijdens het dagje uit, kiekte hij de vogels. Er is precies één foto van mijn broer en mij, achter op de rug van een ezel in de kinderboerderij. In het fotoalbum had mijn vader er 'Drie ezels in Artis' onder geschreven met een tekeningetje erbij van wat we nu een smiley zouden noemen.

Thuis bladerde hij veelvuldig in *Zo leer je vogels kennen*, ook een boek van Rizla met plaatjes met exotische vogels.

De grijze roodstaart leert het snelst praten, zo wist hij. 'Zo'n grote papegaai moet wel een maand op zijn nest zitten om een ei uit te broeden.' Wij hoopten dat zijn liefde voor vogels over zou gaan. We zagen de bui en de kooi al hangen op de plek boven de bank waar een paartje zebravinken een paar maanden geleden de geest had gegeven. Waarschijnlijk had mijn vader het gratis boek van Rizla toch niet zo goed gelezen.

Op de hoek van de Van Wou- en de Govert Flinckstraat sta ik stil voor de etalage van Exotica. Behalve in cavia's, tamme ratten en dwergkonijnen voorziet hun menagerie ook in beesten met een minder hoge aaibaarheidsfactor zoals gekko's, hagedissen en schildpadden. Het is een dierenwinkel die sinds mijn jeugd niet is veranderd. Ik kwam er weleens met mijn vader langs als we aan het eind van de Albert Cuyp rechts afsloegen, richting het Sarphatipark. Dan hoopte ik dat hij in de Van Wou net zo lang stil zou blijven staan als in het laantje van Artis en er misschien zelfs naar binnen zou gaan om op hokken en kooien te wijzen. In plaats van thuis te komen met de uit de vijver van het park geschepte watervlooien voor zijn burgerlijke tropische vissen zouden we een keur aan opwindende exotische dieren meebrengen. De buren zouden uit het raam hangen om ons de straat in te zien trekken met onze karavaan vol levende trofeeën.

Jaloers was ik op Richard, mijn overbuurjongen op nummer 53, met wie ik alleen maar vriendjes was vanwege de hobby van zijn vader, ome Herman. Waar op zolder bij ons thuis zich soms een mus door een scheef liggende dakpan naar binnen werkte, had ome Herman de hele bovenste verdieping ingericht als permanent verblijf voor reptielen, amfibieën en schildpadden. In ieder geval gingen de vogels die daar binnenkwamen nooit meer weg. Het waren de eendagskuikens voor de kaaiman. De muizen die ons 's ochtends vanuit het keukenkastje vrolijk aankeken, hadden daar de doodsangst in de ogen als ze zagen dat ze het ontbijt van de python waren. Volgens mijn vader was tante Jopies kat van nummer 57 op een dag niet teruggekeerd na een nachtelijke wandeling door de dakgoot.

BETREDEN OP EIGEN RISICO stond er op de zolderdeur, dat wat zich erachter bevond moest daar vooral achter blijven. Wat zich niet liet tegenhouden was de geur, een zompige mengeling van uitwerpselen in lauw water, langzaam bederf en warmtelampen. Gelukzalig snoof ik de lucht op als ik met Richard op zolder mocht kijken naar weer een nieuwe aanwinst. 'Kijk, een dikstaartschorpioen. Mijn vader durft 'm op zijn hand te houden.' Maar hoe ik ook smeekte, ik kon mijn vader er niet van overtuigen dat ook hij vogelspinnen, alligators en bijtschildpadden moest nemen. Mijn moeder stond evenmin te trappelen. Ook niet nadat ik beloofd had dat ik goed voor ze zou zorgen. Fijntjes wees ze mij op de wandelende tak die al snel uitgewandeld was. Eén dierentuin in de straat vonden mijn ouders wel genoeg. Bovendien was mijn vader niet zo'n fan van ome Herman. 'Die lust er wel pap van,' hoorde ik hem eens tegen een van zijn broers zeggen op een verjaardagsfeest. 'Als je ziet hoe-ie altijd naar Janny kijkt.'

'We noemen hem Birdy,' verkondigde mijn vader alsof aan het selecteren van de juiste naam maandenlang etymologisch onderzoek vooraf was gegaan. Eindelijk ging zijn grootste wens in vervulling. Hij was al dagen in de weer geweest om het stervenshuis van de zebravinken in te richten voor nieuw leven. De buitenkant van wat ooit een houten kastje was geweest, had hij nu beplakt met delen van de Verkerke-poster *Zonsondergang op Bali*. Het groene gaas werd vervangen door wit, waarvan mijn vader de garantie had gekregen dat de gebruikte verf loodvrij was ('Papegaaien houden van knagen'). Hij kocht uitgebalanceerd papegaaienvoer, hing een spiegeltje in de kooi op ('Papegaaien houden van spiegeltjes') en bestudeerde de lichtinval op de muur boven de bank ('Papegaaien houden van schaduw'). Vervolgens draaide hij het hok een kwartslag, zodat Birdy straks lekker rechtop kon zitten.

De enige concessie die gedaan moest worden, was het beest zelf. Het was een afdankertje. Een collega van mijn vader deed hem weg, omdat hij nooit thuis was. Als-ie dat wel was, begon het beest onophoudelijk te schreeuwen en gooide hij een donkere doek over de kooi om hem het zwijgen op te leggen. 'Of hij er niet toevallig een leuk baasje voor wist?' Dat het geen grijze roodstaart was maar een groene dwergpapegaai mocht de pret niet drukken.

Uiteindelijk besteedde niemand zoveel aandacht aan het beest als mijn moeder. Het geschreeuw snel zat, had zij zich voorgenomen om Birdy te leren praten. Zij begon met eenvoudige leerstof. Staand op een krukje voor de kooi, herhaalde zij maandenlang elke dag een uur de vraag 'Wat zegt de poes?' Om iedere keer ook meteen het goede antwoord te geven. 'Mauw' moest toch niet al te ingewikkeld zijn voor een papegaai. Per slot van rekening waren ze wereldberoemd geworden met koppie-krauw, en dat telde drie lettergrepen. Bovendien kon Birdy ruimschoots aan zelfstudie doen. Ducky, onze lapjeskat, mauwde herkenbaar en veel tijdens haar zwangerschappen. Ook nu weer liep ze met een dikke buik rond.

'Wat zegt de poes?' hoorde ik voor de zoveelste keer toen ik vanuit school de lange gang van ons huis binnenstapte.

In de woonkamer stond mijn moeder weer op haar krukje voor de kooi.

'Wat zegt de poes?' zei de papegaai nóg een keer tegen haar, waarna zij met een blik vol ongeloof het goede antwoord gaf: 'Mauw.' Ik vroeg mij af of Birdy haar strafwerk had gegeven als ze het verkeerd had gezegd. Vanaf dat moment stopte het onafgebroken geschreeuw.

Dat maakte het overigens wat lastiger zoeken toen op een dag de vogel gevlogen was. Na het schoonmaken van de kooi – een klusje dat altijd door mijn vader werd gedaan – had mijn moeder 'm open laten staan en het raam naar de binnentuinen was niet dicht. In plaats van op een krukje trof ik mijn moeder nu buiten op het plat, rammelend met een bakje papegaaienvoer 'Wat zegt de poes? Wat zegt de poes?' roepend. Op hun balkon keken twee buurvrouwen belangstellend toe. Ik besloot de thuiskomst van mijn vader in mijn kamer af te wachten, blij dat het niet mijn schuld was.

Terwijl mijn vader vanuit het raam de binnentuinen in klom, kreeg ik de opdracht om bij iedereen langs te gaan in ons blok. Hij had mij een enigszins onscherpe zwart-witfoto van Birdy in handen gedrukt. Opsporing verzocht. Speciaal agent Harold Hamersma van de Vogelpolitie. Ongemakkelijk belde ik aan bij tante Annie die mij, hangend vanuit haar raam, zag komen aanlopen, dacht dat ik haar oude kranten kwam ophalen, en al met een stapeltje boven aan de trap stond. Nee, Birdy had zij niet gezien. 'Wil je misschien een snoepje voor onderweg, jongen?' Bij garage De Oude Ster in de Quellijnstraat mocht ik achter het pand op de parkeerplaats met sloopauto's kijken. Overal springveren maar niets groens. Verderop zag ik mijn vader over een schutting klimmen. De poelier in de Frans Halsstraat keek mij meewarig aan toen ik vroeg of hij misschien een papegaai had gezien. In het bruine café in de Ferdinand Bolstraat, waar nu Israëlisch restaurant Bardak zit, werd aan de bar direct 'Papegaaitje leef je nog?' ingezet. Iemand gaf een ruk aan de bel. Mijn vader besloot er nooit meer naar de klaverjasavond te gaan.

'Wat zegt de poes? Wat zegt de poes?' klonk het in de binnentuinen. Dat was Birdy niet. Dat was mijn vader.

'Die vogel kent mij gewoon,' zei mijn vader trots toen de papegaai 's ochtends op eigen houtje weer bleek te zijn teruggekeerd op het oude nest. Alsof het de normaalste zaak van de wereld was zat hij zijn veren glad te strijken.

'Wat zegt de poes?' zei mijn moeder blij tegen hem. En ze lachte luid en lang toen hij haar woorden herhaalde, alsof ze opgelucht was dat hij onderweg zijn vocabulaire niet was kwijtgeraakt. Het kan toeval zijn, maar op die dag breidde Birdy zijn repertoire uit: hij kon nu ook lachen.

Enkele weken later was het zover: Ducky had gejongd. Zachtjes deed mijn moeder de werkkast in de gang open, naar de kraamkamer, een bananendoos met oude lappen. Moederpoes, geroutineerd de kleintjes zogend. Vijf dit keer. Ducky was een wandelende broedmachine die bij de niet gecastreerde katers in de binnentuinen van hand tot hand ging. Felix van het kattenvoer hielp een handje met het vinden van baasjes door een advertentie in het huis-aan-huisblad *De Echo* te plaatsen. GRATIS AF TE HALEN: JONGE POESJES. Slechts eentje zou niet levend het pand verlaten. Mijn moeder deed onoplettend de kastdeur dicht. Beteuterd stond ze met het kleine, dode wolletje in haar hand dat niet veel eerder nog, scheef als een krabbetje, door de kamer had gehold. Bibberend kinnetje. Sikkiebeef. Klagelijk mauwend draaide Ducky tussen haar benen door.

Toen mijn vader die avond nog een paar uurtjes in de Stadhouderskade ging vissen, begroef hij het diertje onder de rododendrons in het Weteringplantsoen. Ik had het nog een naam gegeven: Friemsel. De volgende dag zette mijn moeder er een bosje bloemen neer, in een leeg blikje kattenvoer.

'Als ik niet oppas, beland ik nog bij de buren,' foeterde mijn vader als hij weer eens een gaatje boorde om een lijstje voor mijn moeder op te hangen en er een krater ontstond. De goedkope revolutiebouw van De Pijp voorzag niet in goede muren.

Het verblijf van Birdy was met flinke pluggen in de muur verankerd. Als mijn vader gezien had dat op de vloer eronder zich in de loop der tijd wat wit gruis had opgehoopt, had hij zeker ingegrepen. Maar de bank stond ervoor.

Op een zaterdagmiddag kwam mijn vader thuis en vond de kooi van Birdy op zijn kant in de woonkamer. Via de bank was het voormalige kastje op de vloer beland alsof het zich weer wilde verenigen met de rest van het meubilair. Birdy was weg. En het raam stond niet open. Er volgde een zoektocht. Eerst door het huis. Van de kledingkast in de slaapkamer naar het pannenrek in de keuken en op de gordijnroedes. Even was er een sprankje hoop toen mijn vader ontdekte dat het raampje van het toilet openstond dat uitkwam op de gang. Birdy kon naar zolder zijn gevlogen.

'Wat zegt de poes?' hoorde ik vanuit de nok van het huis.

Was het het minuscule donsveertje voor de kattenkraamkamer waardoor mijn vader besloot om behoedzaam de deur te openen? Ducky knipperde even tegen het invallende licht, maar had al snel alleen nog maar oog voor haar nest. Tussen haar twee voorpoten koesterde ze de vogel. En waar de kopjes van het vijftal katjes tevreden aan haar tepels plukten, miste Birdy het zijne.

Het was de eerste keer dat ik mijn vader zag huilen.

16

Onder de rook van de Heineken

Het eerste biertje dat ik dronk had ik niet gekregen maar gepikt.

Ik was twaalf en verveelde me stierlijk op camping De Molshoop. Mijn neef Ronald was er nog niet. De avonturen die wij zouden gaan beleven moesten nog komen. Het in het bos uitgehakte voetbalveld lag er verlaten bij. In de schuur die als kantine dienstdeed stond sinds kort Lady Luck, een flipperkast, maar daar had ik geen geld voor. Ik liep naar de zandverstuiving waar zelfs het zand niet verstoof, zo weinig gebeurde er. Ik lag in mijn slaapgedeelte van de tent en bladerde voor de zoveelste keer door de strips die geen verrassingen meer kenden.

Mijn neef had al eens een biertje gedronken. Maar hij was dan ook al zestien. Af en toe raapte hij ook een nog brandende peuk van straat en prikte deze op een kleine veiligheidsspeld om zo het laatste flintertje tabak te kunnen oproken. Nonchalant stond hij voor de Fiat-showroom van Leonard Lang op de Stadhouderskade. Tegenwoordig is daar, naast de passage met de onvermijdelijke Blokker, Albert Heijn en Gall & Gall, een ontwerpbureau gevestigd.

Paffend wees mijn neef mij op de blauwe 850 Sport Coupé die hij later zou kopen. Ik vond het er stoer uitzien. Niet de auto. Die vond ik nogal meisjesachtig. Ik was onder de indruk van hoe hij rookte. De peuk opgloeiend, het felle inhaleren, zijn ogen half dichtgeknepen, het uitblazen van de rook over zijn onderlip die hij daarbij wat naar voren stak, het nonchalante uittrappen van de minieme overblijfselen, met een kordate draai van zijn voet. Zijn aanbod om ook een trekje te nemen sloeg ik af. Niet zozeer omdat de gedachte van rook in mijn longen mij afstootte maar omdat hij nogal een 'natte' roker was.

De smalle ruimte tussen de buiten- en de binnentent deed dienst als voorraadkast. Behalve blikken soep en knakworsten uit de kampwinkel stond er ook een kartonnen verpakking met zes flesjes bier van een onbekend Duits merk. Ik verbaasde me erover. Het echtpaar dat de winkel uitbaatte sprak Nederlands. En op de camping stonden geen Duitsers.

Het bier was lauw. En bitter. Een flink deel belandde op mijn broek, omdat ik de kroonkurk pas van het flesje kreeg door 'm in een spleet van een boom te klemmen. Jaloers was ik op mijn oom Jan die een pijpje met zijn tanden kon openmaken. Op verjaardagen was hij een attractie. Hij kon een krat leegdrinken en nog steeds in hele zinnen blijven spreken.

Achteraf is het wonderlijk dat mijn diefstal onopgemerkt bleef. In de verpakking zat een gat als een krater. In mijn haast had ik bovendien het karton gescheurd. Ik zou het flesje vullen met water, de kroonkurk er weer op duwen en bij ontdekking hopen dat mijn vader zou menen dat de Duitsers een fabricagefout hadden gemaakt. Ik had zelfs al bedacht wat ik zou zeggen als ik erbij zou zijn: 'Dat zal ze bij Heineken nooit gebeuren.'

Ik was blij dat mijn moeder erachter kwam en niet mijn vader. Die had ongetwijfeld een passende sanctie bedacht. Ik wist hoe hij zich stoorde aan de dronkenschap die langzaam ontstond tijdens de kaartavondjes in de tent bij mijn opa en oma. Ik zag hem fronsen als iemand over een scheerlijn struikelde op weg naar het wc-gebouwtje. En als er eenmaal met dubbele tong werd gesproken, hield hij zich stil. Mijn moeder zag niet dat er een flesje ontbrak, ze rook het aan me. Ze beloofde dat ze het niet aan mijn vader zou vertellen, maar ze zei wel dat ik er nog veel te jong voor was. Toen had ze thuis de seksverhalen van playboy-avonturier Jo Durand nog niet gevonden. Terwijl ik meende dat ik *Jo in de Harem*, *Jo en het Moderne Liefdeselixer* en *Jo waagt een slippertje naar Parijs* toch goed verstopt had onder twee planken in de vloer. Maar mijn moeder had ontdekt dat deze los lagen toen ze in een ijverige bui mijn kamer eens goed onder handen nam.

'Er staat toch op "Alleen voor volwassenen"?'

Ze wees mij op wat er op iedere omslag stond.

Ik wist niet of ik haar kon vertellen dat ik de hele stapel had ontdekt tussen de oude kranten die ik in de Frans Halsstraat had opgehaald bij ome Nelis, de broer van haar vader. Ook kon ik haar niet vragen of ze me de twee kwartjes kon geven die ik mijn vriend Bennie nu verschuldigd was. Die had hij vooruitbetaald als hij de boekjes na mij kon krijgen.

'Ik ken u ergens van.'

Tegenwoordig word ik weleens herkend.

'U bent toch die wijnschrijver?'

Ontkennen heeft geen zin. Helemaal niet als ik in de buurt van een glasbak word gezien. Vaak weet ik al hoe het daaropvolgende gesprek zal gaan.

'Hebt u de wijn van huis uit meegekregen?'

Ik kan mij niet herinneren dat ik op de verjaardagen in onze familie ooit iemand met een glas wijn heb betrapt. Het dichtstbij kwam misschien tante Corrie die rode vermout dronk. Maar zij was een heel gek mens. Ze ging vaak naar Italië op vakantie.

'Daar hoef je niet naartoe om Italianen te zien,' wist mijn oom Karel. 'Die wonen nu allemaal hier om bij de Hoogovens te werken.'

'Dat zijn Spanjaarden,' antwoordde tante Corrie, die een mondjevol Italiaans had opgedaan tijdens haar twee weken aan de Bloemenrivièra. En ze nam nog een slok. Tijdens feesten en partijen waren gesprekken over buitenlanders van alle tijden. Helemaal als er drank in het spel was.

Er werd jenever gedronken en ik bewonderde de vaste hand als het glaasje met het pootje precies tot de rand gevuld werd. Mijn opa die zich vooroverboog, alsof hij in gebed ging, om de kop eraf te slurpen.

Jonge jenever.

Z.O. Genever.

Citroentje met suiker.

Van de advocaat vond ik alleen het toefje slagroom erop lekker. Het leek op mijn zo geliefde gele vla maar de brandewijn brandde, zelfs bij het kleine beetje dat ik uit het glaasje mocht likken.

Gekscherend antwoord ik vaak dat ik wijn ben gaan drinken omdat ik mij misschien wilde afzetten tegen een jeugd die was doortrokken van het bier.

Vaders. Ooms. Neven. Iedereen dronk bier.

Heineken was er altijd. Afkomstig van de brouwerij op de hoek, die dag in, dag uit de geur van hop en gist als een klamme molton over de wijk hing. Mijn herinnering laat het mij nog ruiken, als ik in de buurt ben, terwijl Heineken daar tegenwoordig niet meer brouwt maar er een belevenis aanbiedt. Het is een pilspretpark geworden.

Soms was er sprake van Amstel. Oranjeboom was voor sukkels. Vraag me niet waarom. Skol kreeg je bij de chinees op het Ferdinand Bolplein wanneer je op je nasi stond te wachten die in je eigen pan mee naar huis ging, gewikkeld in een oude krant om de inhoud warm te houden. Bavaria was nog erger dan het huismerk van supermarktketen Jac. Hermans.

Mijn moeder was niet van het bier. Die was van Coebergh Bessen. Dat haalde ik voor haar bij de slijterij, pal naast ons huis op nummer 56. Ik was onder de indruk van hoe geroutineerd de man achter de toonbank de fles in het vloeipapier rolde. Samen met tante Dora van de overkant dronk mijn moeder bijna een fles leeg. Ik had weleens een nipje genomen. Maar verder dan dat is het nooit gekomen. Wel heeft het mij als wijnschrijver ooit een proefnotitie opgeleverd voor een Griekse rode wijn die ik in de krant had gezet: 'Ik ruik rijpe frambozen, een zweem van Lambada-aardbeien buiten de koelkast en de adem van mijn moeder die op een feestje iets te veel Coebergh-bessenjenever had gedronken en mij als kleine jongen nog een nachtkus kwam geven. "Weltwusssten, jongen..."'

Begin jaren zeventig beleefde ik, ook op een feestje, mijn wijnpremière. Met dank aan de literpakken Pinard waarmee Albert Heijn Nederland aan de wijn heeft gekregen. Het was goedkoop en werd in grote hoeveelheden ingeslagen voor onze tienerfeestjes, en dat waren er ook veel. Als wij bij die pakken neerzaten, met druipkaarsen aan en met nadrukkelijk naar geit geurende Afghaanse jassen in de gang, namen wij de wereld door. Alleen mopperden we niet zoals onze ouders over Italianen en Spanjaarden, maar over Amerikanen. Die moesten als de wiedeweerga Vietnam uit. Dat wisten we zeker.

Als ik toen overigens had geweten wat Pinard betekende, had ik het waarschijnlijk niet zo vaak gedronken. Pinard was het jargon voor 'bocht', het was de wijn die de Franse soldaten tijdens de Eerste Wereldoorlog in de loopgraven kregen als vervanging van water dat helemaal niet te drinken was. Zelfs kanonnenvoer kent een bijpassende wijn, zo blijkt.

Al was ik een geoefende Pinard-proever, één keer dronk ik te veel. Toen bracht ik een doorwaakte nacht door, pendelend tussen het toilet naast de echtelijke slaapkamer en mijn zolderkamer op het Hygiëaplein.

'Gut, van bier heb ik dat nou nooit,' zei mijn vader toen ik voor de vierde keer boven de pot hing.

Ik had mijn vader niet verteld dat ik die avond behalve een pak wijn ook een paar joints op had. Aan roken had hij een broertje dood.

Binnen de familie had ik een speciale band met Robbie, de oudste stiefbroer van mijn moeder die verwekt was door een Canadese militair, een uienboer of een kersenkweker. Dader onbekend.

Robbie kreeg op zijn eenentwintigste verkering met Olga, de veertienjarige dochter van tante Aaf, de oudste vriendin van mijn moeder. Vanaf dat moment waren ze onafscheidelijk. Terwijl in de woonkamer zijn stiefbroers en -zusters, ooms en tantes, stiefvader en moeder rokend, lachend en drinkend de zondagmiddagen op het Jan Cupidohof doorbrachten, lagen zij in een zijkamertje te zoenen.

Ik vond hem fascinerend. Hij was lang, met een bos donkere krullen en een oogopslag die het midden hield tussen melancholiek en mysterieus. Daarbij droeg hij prachtig versleten spijkerbroeken, T-shirts met psychedelische patronen die met bleekwater waren gemaakt en een bruin ribfluwelen jack van Levi's. Destijds kwam ik nog niet verder dan een Jinglers-broek van C&A en een flanellen overhemd van de Kreymborg. Hij had het aura van een popartiest. Een ziener. Een heilige. Maar hij was timmerman.

Soms ging ik de woonkamer uit en sloop de gang in om door de kier van de deur te gluren. Daar lagen ze, op hun Afghaanse jassen in elkaar verstrengeld te luisteren naar Bob Dylan. Ik beschouwde het als een voorrecht als hij mij weleens binnenvroeg. Op audiëntie. Iemand die ouder was dan ik en toch met mij sprak, als tegen een volwassene. Zachtjes. Fluisterend bijna. Ik wist hem aan het lachen te maken, al weet ik niet meer waarmee.

Olga was idolaat van hem. Ze was een klein, blond, frêle meisje. Hoge laarzen. Minirokje.

In de winter van 1968 kwamen Robbie en Olga in De Pijp wonen, op de hoek van de Albert Cuyp en de Ferdinand Bol, boven de plek waar nu een Etos zit. Ik bewonderde het geel en het paars dat ze als behang hadden gekozen. Niet zozeer omdat ik die kleuren mooi vond, maar vanwege het lef. Nederland was toen beige. Van mijn ouders hadden ze het dressoir gekregen dat bij ons op zolder stond. Ze hadden het omgetoverd tot een altaar waarmee Bob Dylan vereerd werd. In het kastje waar mijn vader zijn Rizla-verzamelalbums over tropische vissen en exotische vogels had bewaard, stonden nu zijn platen. De pick-up en de versterker hadden de plek van de sanseveria's van mijn moeder ingenomen. Het bleke fineer was hard oranje geworden.

Vanachter het raam bij Robbie en Olga keek ik naar de kruising. Tramlijn 16 die protesterend de bocht nam, de Ferdinand Bolstraat in. De Gruyter schuin op de hoek aan de overkant. De mannen van de Gemeente Reiniging die de Albert Cuypmarkt aan het opruimen waren. Verlepte bloemen. Gekneusd fruit. Onverkoopbare groenten. Morgen konden ze weer helemaal opnieuw beginnen. Discipelen van Tantalus.

Robbie en Olga hebben er lang gewoond. Tot ze in Amsterdam-Zuidoost een nieuwbouwhuis kregen in het Gein. Toen Robbie pas achtenveertig was werd hij geveld door alvleesklierkanker.

Olga komt weleens langs in de kookboekwinkel. Ze scheelt maar een paar jaar met mij, toch is ze bevriend met mijn moeder. Ze wandelen samen. Een reisje op zijn tijd. Af en toe komt ze haar zorgen uiten.

'Eet ze wel genoeg?'

'Ik vind haar wat vergeetachtig de laatste tijd.'

'De hoorn van haar telefoon lag er drie dagen af.'

Ik hoor niets nieuws.

Soms praten we over Olga zelf. Ze is net met pensioen. Nee, ze verveelt zich niet. Lopen en fietsen. Ze lijkt mijn moeder wel.

Na Robbie is er nooit meer een andere man in haar leven gekomen. Er was een collega die avances maakte, ze was er niet van gediend.

'Zijn ribfluwelen jack hangt nog altijd aan de kapstok. Ik ruik er elke dag aan. Maar kortgeleden was zijn geur er helemaal uit verdwenen.'

Ze moet er even om huilen.

Volgens mijn moeder hangt het naambordje van haar stiefbroer nog op de deur van de Ferdinand Bolstraat 86. Al wonen Olga en hij er al ruim twintig jaar niet meer.

Ik sta voor een grijze, ongastvrij ogende deur. De gele sticker midden op de brievenbus helpt niet mee: KEINE WERBUNG! KEINE KOSTENLOSEN ZEITUNGEN, HANDZETTEL,

WURFSENDUNGEN UND WOCHENBLÄTTER.

Zou Robbies vader dan niet toch een Duitse militair zijn geweest?

Schuin onder het bordje van het huisnummer gluurt het oog van een camera. Er zijn vier bellen en maar twee naambordjes. J. DE MEIJER, en nog een. Er mist een schroef. Uit de rechterbovenhoek ontbreekt een stukje. Zo ook middenboven en middenonder. Maar de letters zijn nog duidelijk leesbaar: R. TAKES.

Robbie had de achternaam van zijn moeder aangenomen. Noodgedwongen.

Naambordje. Grafsteentje. Zachtjes veeg ik er met mijn duim over.

Ik denk aan Robbie en aan mijn eerste biertje, dat ik van hem kreeg.

17

Op De Molshoop

Ik keek naar de witte billen van mijn moeder die ze behoedzaam liet zakken op de grote gele plastic emmer in de voortent, langzaam als een landende zeppelin. De rand van de emmer is hard voor zacht vlees. Als ze niet voorzichtig ging zitten, kon ze omvallen, met emmer en al. Dat was al eens gebeurd. De bodem onder het grondzeil is ongelijk.

Het was nog vroeg. Ik zag het aan het licht dat in mijn slaapgedeelte viel, gefilterd door de bomen, en door de zacht bewegende oranje tentstof. Ik gluurde door het kleine kiertje van de rits en hoorde het zachte gekletter. Mijn moeder kwam voorzichtig weer overeind, een rode ronde ring om haar achterste. Ergens in de populieren boven mij klonk even gekoer, maar ook de duif vond het nog te vroeg.

Ik wist dat ik straks de wc-emmer naar het houten toiletgebouw zou moeten brengen om 'm daar te legen. Een loopje van nog geen twintig meter. De camping was nog in ruste. De plastic ramen van de tenten waren beslagen en de condens op het gras voelde fris aan tussen mijn tenen. Eén keer schoot het hengsel los waardoor spetters op mijn blote benen kwamen en een golf over mijn teenslippers was geklotst. Ik had moeten kokhalzen. Een wasbak was binnen handbereik, maar ik had nog niet ontbeten.

Onlangs dook de camping weer op. Ik was benieuwd of hij nog bestond. Op internet vond ik opnames van een fotoclubje dat onttakelde fabrieken, dichtgetimmerde winkelpanden en vervallen huizen vastlegde. De Bakstenen Blues. Ik scrolde door wat er nog over was van De Molshoop, waar ik in de jaren zestig zoveel zomers heb doorgebracht.

Het middenterrein dat onze familie annexeerde door er een tentenkamp op te slaan, is een modderpoel. Er staan caravans met lege banden, ingegooide ramen en scheef hangende deuren. Ik bespeur nog tentdoek, gedrapeerd over een kleine aanhanger die ruggelings in een strook gras ligt. Als een deken die over een stoffelijk overschot is gelegd om omstanders de aanblik te besparen.

Zomerhuisjes die hun decorum hebben verloren, blijken fotogeniek. Kreupele keukenblokken. Een lichtgroene wand getroffen door latexlepra, schilderwerk dat nog een halfslachtige poging doet zich eraan vast te houden. Een onttakeld interieur huisvest een helgekleurd kinderfietsje dat achteloos is neergegooid op een beige skai bank. In de bosrand staat een houten hammondorgel met kromgetrokken toetsen. Ik herken de kampwinkel aan het naambord dat op een stapel balken ligt: DE BLOKHUT. Van het toiletgebouw staat nog één wand overeind, zes wc-potten op een rij, bijna gegeneerd ogend door hun naaktheid. Bij de tweede van links begaf ooit een hengsel het.

We waren in de zomer van 1966 later dan gewoonlijk naar De Molshoop gegaan. Mijn vader was net bij een bedrijf begonnen dat de Amsterdamse gasfornuizen geschikt maakte om aangesloten te kunnen worden op het splinternieuwe aardgasnet. Hij kreeg een eigen overall. Niet zo'n blauw lubberend geval als die van de mannen van de garage beneden, maar een beige, licht getailleerde, met een helrood logo op zijn borstzak. Alsof-ie zo uit *The Thunderbirds* was weggelopen. Zijn geheime wapen was een enorme, goed gevulde gereedschapstas van stof en leer, voorzien van metalen hoekstukken.

'Die mag ik houden als de klus geklaard is,' zei hij tevreden over deze secundaire arbeidsvoorwaarden. Het was een baan voor twee jaar. Als hij in de zomer een paar weken langer doorwerkte zou hij zijn quotum al halen en kon hij twee weken langer op de camping blijven.

De weken voor ons vertrek – tram-trein-bus – moest ik me maar zien te vermaken. Mijn vrienden uit de buurt waren al weg. Simon Mossel ging zelfs naar het Gardameer. Daar was-ie al eens eerder geweest. Op de foto die hij had laten zien lag hij op een luchtbed met een rieten hoedje. Zo'n hoedje wilde ik ook wel, maar ik durfde niet te vragen of hij er een voor mij wilde meenemen. Ik had hem uitgezwaaid toen hij de Daniël Stalpertstraat uitreed, in de Opel Rekord met de hoog opgetaste imperiaal op het dak. Simon had een benauwd gezicht getrokken, ingeklemd tussen zijn twee oudere zussen op de achterbank, de een uit het linker-, de ander uit het rechterzijraam kijkend. Zijn ene zus stak een tong naar mij uit toen de auto optrok. Van zijn moeder kreeg ik nog een snoepje uit de trommel voor onderweg. Ik keek de auto na en op de achterruit bewonderde ik de stickers van alle campings in Duitsland en Frankrijk waar ze waren geweest.

Ik mocht naar de oude RAI. Op de plek waar nu het Okura Hotel staat, werden in de zomer sportweken georganiseerd voor de jeugd uit de buurt. Er was bowling met plastic kegels. Maar die vielen van zichzelf al om, omdat de houten vloer die er bij de bouw in 1922 was gelegd inmiddels ongelijk was. Er was badminton met jongens en meisjes door elkaar. En ik deed mee met hockeywedstrijdjes. Aan voetballen werd niet gedaan. Ik vond het saai.

Ik lummelde wat door een buurt die niet de mijne was. Terug naar huis, over het lange, saaie stuk van de Ferdinand Bol richting de Ceintuurbaan. Net om de hoek zit daar nu CT Coffee & Coconuts. *'It is all about celebrating the abundance of life.'*

Destijds zat daar het Ceintuur Theater, een van de drie bioscopen in De Pijp. Alleen de Rialto, ietsjes verderop op de Ceintuurbaan, bestaat nog. In de vitrines bekeek ik de foto's van de films die er draaiden. Ik wilde graag naar *Mackenna's Gold*, een western met in de hoofdrollen Gregory Peck, Omar Sharif en Telly Savalas. Die laatste werd door mijn vader 'De Krullenbol' genoemd: zijn schedel was zo glad als een biljartbal. Maar *Mackenna's Gold* was een no-go: mijn zakgeld was op en de film was voor veertien jaar en ouder.

Even verderop dan maar naar binnen bij de HEMA. Ik slenterde over de speelgoedafdeling, maar liever ging ik bij de vulpennen kijken. Minutenlang stond ik met een zilverkleurig exemplaar in mijn handen dat in een transparant doosje op een fluwelen bedje lag. Ik probeerde het mannetje te ontdekken dat eruitzag alsof-ie bij de administratie van de gemeente werkte, maar in werkelijkheid de bedrijfsleider was. In ieder geval had-ie mijn broertje nooit weten te betrappen, maar ik durfde niet.

In de speeltuin tegenover de Heineken Brouwerij ging ik dan maar in mijn eentje op goal schieten. In de straat bromvliegen in jampotjes vangen. De geur van een zondoorstoofde stoep. De verveling die in de lucht hing.

In de 'Bakstenen Blues' klinkt de zomer van 1966 door. De grote oranje tent op het middenterrein waar mijn opa Sjakie en tante Fien resideerden. Aan de scheerlijnen de was. Daaromheen een stuk of tien kleinere tenten van hun al dan niet gezamenlijke kinderen. Sommigen al lang oud genoeg om zelf op vakantie te gaan, maar een traditie die sterker was dan het verlangen hield ze in Hilversum. Als een voorpost van het kampement stond onze tent onder een rij bomen, geflankeerd door die van tante Beppie, de zuster van mijn moeder, en haar man. Ik was jaloers op mijn neef Ronald, want die had een eigen tent, als een loodvisje die van zijn ouders flankerend.

Ronald hield niet van voetballen – hij kon er ook niks van – en toch trok ik de hele zomer met hem op. We dwaalden urenlang langs de niet bewoonde zomerhuisjes die verspreid stonden in het bos, dat deel uitmaakte van de camping. Ik voelde de spanning als we over een laag hekje stapten om te kijken of er een schuurdeurtje niet op slot was gedraaid. We pikten een rol nylondraad om er een pijl-en-boog mee te maken. Op een werkbank vond hij een uitgedroogd pakje Samson waar hij zijn eerste sjekkie van draaide. Ronald was al twaalf, maar ik vond mezelf nog te jong om te roken. Op het spoor dat op nog geen honderd meter afstand langs de camping liep legden we net voor de trein kwam aanstormen een cent op de rails. Het geloei van de treintoeter, de luchtverplaatsing die aan onze kleren trok, de warmte in onze hand van het uitgewalste muntstukje, Juliana nauwelijks nog herkenbaar.

Later las ik dat de zomer van 1966 de natste en somberste was sinds 1901. Er werd eindeloos geklaverjast. Gejokerd. Gepest. Gerookt en gedronken. Gehijgd ook, in de tentjes om ons heen. Door de stiefbroer van mijn moeder met zijn verkering. Door de halfbroer van mijn moeder met zijn vriendin. Neuken uit verveling. Ik leerde klaverjassen door te kijken, zittend op twee lege kratten bier. Ingrid, het achternichtje van mijn moeder, drie jaar ouder dan ik, trok mij plotseling bij haar op schoot. De voor haar leeftijd enorme borsten, warm-week, stulpend en deinend. Geen idee wat ik daar als tienjarige mee aan moest. Anderen wel. Op de camping werd Ingrid al snel Inrit genoemd.

Van de schuur die als kantine fungeerde is niet veel meer over, zie ik. Vroeger was het ook al niet veel soeps. Er was een spelletjeshoek met bordspellen die niet goed genoeg meer waren voor thuis. Van monopoly lag er een ernstig gedevalueerde versie, omdat de hotels en de briefjes van honderd ontbraken. Op de dobbelstenen en pionnen van mens-erger-je-niet had een hond gekauwd. Op de achterkant van de scheefgetrokken sjoelbak die tegen de muur stond waren kindertekeningen geprikt. In de lengterichting van de kantine waren houten banken geplaatst die zicht gaven op het heilige oog, een kleine zwart-wittelevisie. Buiten regende het. Binnen werd het WK Voetbal 1966 in Engeland uitgezonden dat zich vanwege de matige ontvangst regelmatig in de mist afspeelde. Er werd gescholden op de Uruguayanen, want die voetbalden gemeen. Iedereen had een mening over het doelpunt dat de Engelsen in de finale maakten, dat uiteindelijk geen doelpunt bleek te zijn. Maar wat juichten we hard, omdat het tegen de Duitsers was.

In mijn slaaptent had ik net *Biggles* uitgelezen. Ik had alle zesennegentig boeken wel willen hebben over deze RAF-piloot, spion en detective, waarin-ie het opnam tegen zijn eeuwige rivaal Erich von Stalhein. Van mijn moeder had ik speciaal voor de vakantie het boek met zijn nieuwste avonturen gekregen, *Biggles en de slaven van de Mongool*. Een titel die om meerdere redenen nu niet meer zou kunnen.

'Lees het nou niet in één keer uit,' had ze nog gezegd. 'Dan heb je er de hele vakantie wat aan.'

Tevergeefs. Als het droog werd, ging ik naar mijn neef Ronald om wat stripboeken van *Prins Valiant* te halen. Zijn ridderverhalen verveelden nooit. En *De val van Rome* wilde ik best nog een keer meemaken.

Ik keek nu naar mijn vader die in een spiegeltje keek dat hij aan een haakje aan een tentstok had gehangen. Hij zat op de gele plasemmer in een singletje en bestudeerde aandachtig de blauwe waas op zijn kaken.

'Als het morgen nog regent, laat ik mijn baard staan,' had hij luid verkondigd. En niet alleen tegen mijn moeder. Hij had het ook gemeld aan de verzamelde familieraad, terwijl hij gehaast de voortent van opa Sjakie openritste om niet doorweekt te hoeven klaverjassen. Deze nam het voor kennisgeving aan en besloot met name de inwendige mens nat te houden. Met bewondering zag ik hoe een oom – of een halfoom, daar wil ik vanaf zijn – een flesje bier van zijn kroonkurk ontdeed door er een van een ander flesje tegenaan te wrikken. Hij dronk 'm gelukzalig leeg alsof het zijn eerste was. Een tante – of een halftante, daar wil ik vanaf zijn – zat opgekruld in een slaapzak een doktersroman te lezen, *Het Genezende Mes*. Mijn opa sneed leverworst.

'Harten!'

'Dat benne geen zwarten.'

'Schoppen!'

'Dat hebben de honden niet graag.'

'Ruiten!'

'Als je moet pissen ga je naar buiten.'

Als er troef werd gemaakt, kon ik de reacties daarop zo meemimen. Net zoals de uitkomst van de halve ruzies vanwege het vermeend uitkomen met de verkeerde kaart.

'Als ik een kleintje klaver speel, dan weet je toch dat ik de aas kaal heb en kun jij je tien spelen!'

Het semikwade op de tafel gooien van de kaarten, nog een fles bier, tante Fien een sherry uit de tweeliterkruik. Tijd om een zware Van Nelle te draaien, een vers pakje Caballero open te trekken. Niks aan de hand. Bel voor de volgende ronde. Mijn vader met zijn ene long rookte gezellig passief mee. Hij is er zesentachtig mee geworden.

‘We waren altijd op Hilversum. Dus waarom zou je er foto’s maken?’ antwoordt mijn moeder als ik vraag waarom er zo weinig opnames van zijn. Als ik bij haar door de familiealbums blader, vind ik er niet meer dan drie. Eén waarop de hele familie voor de binnentent zit. Het was waarschijnlijk even droog. Ik vraag me af wie ’m heeft gemaakt.

Ik gok Robbie. Hij onttrok zich liever aan het gezelschap. Thuis op het Jan Cupidohof waar we op zondag regelmatig kwamen, zocht hij ook vaak een lege kamer op, terwijl de uitpuilende woonkamer lawaaiig was, *Langs de Lijn* aanstond, en er flink werd gelachen en gedronken. Zijn oogopslag was altijd wat afwezig. Alsof hij er niet bij hoorde.

‘Hilversum’ staat er ook bij een afdrukje waar alleen maar een egel op te zien is. En met moeite, want het is onscherp.

Op de derde foto zie ik mijn vader over de loop van een geweer turen, één oog gesloten. In de schiettent op Anna’s Hoeve, de speeltuin met een paar kermisattracties vlak bij de camping, had hij de roos geraakt. Ik sta naast hem, mijn mond open, grote ogen. Het moet voor 1966 zijn geweest. Mijn vader had nog geen baard.

‘Zijn er niet meer foto’s?’ vraag ik.

‘Geen idee.’ Mijn moeder schept wat kattenvoer in bakjes die nog bijna tot de rand gevuld zijn.

‘Kom maar, jongens,’ roept ze. Maar het trio ligt nog uit te buiken van de vorige eetsessie en peinst er niet over om in beweging te komen. Doede, de allerdikste, kan het nog net opbrengen een oog te openen.

Ook van uitstapjes naar andere plekken blijkt niet veel belastend materiaal voorhanden. Twee weken Nijverdal heeft geresulteerd in een plaatje van mijn moeder die voor een piepklein zomerhuisje op haar handen staat. Op een ander zit ik als vierjarige met haar op de sokkel van Us Mem in Leeuwarden, het standbeeld dat toen net gemaakt was. Ik kom er nog een tegen van mijzelf voor een caravan op Texel. Ik heb daar een bruine hoed op die ik in een duinpan had gevonden. Het was de laatste vakantie die ik met mijn ouders doorbracht. Ik was veertien.

'Ach, die herinneringen zitten in je hoofd, hè,' zegt ze terwijl ze een kat op schoot neemt.

Toen we terugkwamen uit Hilversum regende het nog steeds. Mijn vriendjes waren terug. Met verhalen. Maar zonder hoedje. Simon liet mij wel het kleine zakmes zien dat hij daar had gekregen voor zijn verjaardag. Het heft was van hertengewei en het zat in een leren hoesje dat je aan je riem kon hangen. Nu moest ik dáár weer jaloers op zijn. Mijn moeder vroeg aan mijn vader of hij nu eindelijk zijn baard ging afscheren. Die prikte. Overigens had ik niet het idee dat ze daar nou veel last van had. Uit zichzelf heb ik haar hem maar weinig zien kussen.

18

Nic. Witsenkade t/o 14

De foto is genomen op mijn tweede verjaardag. Het Instagramloze tijdperk, toen de wereld nog zwart en wit en van fotopapier was. Ik zit op schoot bij mijn moeder, ze leunt iets naar voren in een stoel van donkere stof met kleine, opgenaaide lichte stippen. Tegenwoordig wordt daar in De Pijp in vintagewinkels een klein vermogen voor betaald. Toen wij in 1969 gingen verhuizen, flikkerden mijn vader en ik 'm onder een luid '1,2,3 hup!' in de vuilnisboot die vlakbij aan de Stadhouderskade lag aangemeerd. Rattenbak. Meeuwenmagneet. Pleisterplaats van morgensterren. Voor de vuilstort hoefde je toen de stad nog niet uit.

Mijn moeder is dan pas vijfentwintig en heeft al nieuwe tanden. Het zo koket scheefstaande rechtervoortandje dat ik van haar verlovingsfoto ken, is verdwenen. Als trouwcadeau had ze van haar tante Emmie, de oudere zuster van haar moeder, een bovengebit gekregen. Enigszins een sigaar uit eigen doos, want die was met een kunstgebittenmaker getrouwd. Dat neemt niet weg dat mijn moeder er blij mee was. Het onderhoud van je eigen tanden werd in de jaren vijftig als een hoop gedoe beschouwd. Trekken die handel. Tupperware erin.

Ze ziet er gelukkig uit. De bos lelies die de fotograaf tussen de schoorsteenmantel en de stoel geplaatst heeft, zal er vast toe hebben bijgedragen. Het zijn bloemen waar ze nog steeds vrolijk van wordt.

'Ik houd van lelies. Schitterend.'

De foto is genomen door een fotograaf uit de buurt. Met een stempel heeft hij zijn naam en adres op de achterkant gedrukt: FOTO ALBREGT 'DE WATERLELIE' NIC. WITSENKADE T/O 14, een woonboot. Er ligt er nog steeds eentje. Een saaie, bruine bak die zijn huidige naam niet rechtvaardigt: El Greco. Lichtblauw had dan meer voor de hand gelegen. Aan dezelfde kant, dichter bij de brug tegenover de Heineken Brouwerij, had een rederij zijn rondvaartboten liggen. Nu nog steeds overigens. Ik slalom-fiets er vaak tussen de toeristen door die na hun Heineken Experience het Amsterdamse grachtenwater willen ervaren.

Het ontroert me als ik besef dat mijn ouders een heuse fotograaf hebben laten komen. Ze hadden weinig geld. Machinebankwerkers en schoenenverkoopsters verdienden niet veel. Ook later zaten ze vaak krap. 'Kan het volgende week?' hoorde ik mijn moeder regelmatig op de gang vragen als de huisbaas de huur kwam ophalen. Het was een lange man met een grote zwartleren jas, die zwaar zuchtend en gnuivend de trap naar eenhoog op bonkte en contant kwam innen. Onrust heette-ie. Dat zal-ie vaker veroorzaakt hebben bij zijn huurders. Als groenteman had-ie zijn met sla, bloemkool en spruitjes verdiende dubbeltjes en kwartjes omgezet in panden. Achter zijn rug om noemde mijn vader hem een baksteenpooier.

Lichtelijk verbaasd hangt mijn mond open. Waarschijnlijk had ik nog nooit een fotograaf gezien. Mijn vader kocht pas later een Agfa Clack. Vanaf dat moment vielen vooral onscherpe foto's het familiealbum ten deel. Ik heb een marinepakje aan met korte broek. Had mijn vader erop aangedrongen, zo zijn vroegtijdige afzwaaien compenserend, omdat tuberculose zijn verdere carrière als geschutmaker eersteklas in de weg had gestaan? De kledingkeuze kan ook het idee van mijn moeder zijn geweest, vanwege haar voorliefde voor uniformen. Ze heeft haar linkerhand in mijn zak. Dit was de beste manier om ervoor te zorgen dat ik niet van haar schoot viel. Ze was niet zo handig met kinderen. Zelf heb ik mijn handen vol aan mijn verjaardagscadeau: JET PATROL BOAT staat er in grote letters op de zijkant van een metalen rood-wit-blauwe speelgoedboot. Ik kan hem mij nog goed herinneren. Met name door het helse lawaai dat-ie veroorzaakte als ik aan het zwengeltje draaide dat zich op de stuurhut bevond.

Voor mariniers en botenbezitters is het belangrijk goed te kunnen zwemmen. In tegenstelling tot mijn broer, die nog voor het jeugdkampioenschap van Amsterdam heeft gezwommen, was ik geen waterrat. Ik slaagde pas voor mijn A-diploma tijdens het verplichte schoolzwemmen in de zesde van de lagere school. Maar al rond mijn achtste kreeg ik op woensdagmiddagen les in het Zuiderbad. Geen feest. Temeer omdat ik vooraf naar judo bij Gé Koning moest, die met zijn sportschool in hetzelfde pand zat. Daar had mijn vader mij voor opgegeven in een onzalige poging mij weerbaarder te maken nadat ik voor de zoveelste keer snotterend was thuisgekomen omdat ik werd gepest 'door grotere jongens'.

Misschien is mijn aversie tegen water elders begonnen, in het Gemeente Badhuis op de hoek van de Eerste Sweelinckstraat en de Albert Cuyp. Daar ging ik één keer in de week met mijn vader naartoe. We hadden toen nog geen douche. Nadat het badhuis zijn oorspronkelijke bestemming had verloren, werd het De Badcuyp, een muziekpodium waar vooral jazz werd gespeeld. Nu heet het Escobar, een restaurant-bar waar het vooral in het weekend dringen geblazen is om binnen te komen. Een paar jaar geleden, toen de nieuwe eigenaren vroegen of ik als buurtgenoot binnen wilde komen kijken tijdens het slopen, kwamen bij mij de herinneringen boven. Op de kale vloer zag ik nog de contouren van badruimte nummer twee, mijn vaste plekje. Daarnaast was de badruimte van mijn vader die standaard riep of ik toch vooral niet wilde vergeten om mij overal goed in te zepen. Ik schaamde me voor zijn luidruchtigheid. Bij grote drukte – we waren niet de enigen uit de buurt – moest ik er bij hem bij. Dan wist ik niet waar ik kijken moest. Het gevoel van mannen onder elkaar kende ik nog niet. Daar stond ik, als klein kereltje in een grote, ongemakkelijk aanvoelende ruimte. Het gegalm klonk hol, de handdoeken waren ruw, zo ook de gemeentemannen en -vrouwen die er de boel bestierden. De terugweg met natte haren – jongenshand in mannenknuist – voelde als een bevrijding. Door de Tweede

Jacob van Campen, de Ferdinand Bol in, nog even door het grote raam van de toen nog brouwende Heineken Brouwerij kijken om te zien hoe de flesjes aan de lopende band gevuld werden. Een perpetuum mobile van pils.

Wanneer ik op woensdag naar zwemles moest, liep ik vaak traag de Jacob van Campen uit, treuzelend bij nummer 21, voor de etalage bij drogist Van der Groep, terwijl er niets anders te zien was dan een uitstalling van mottenballen, vliegenvangers en Lolaborstels. Niet bepaald dingen waarvan een hartje van een jongen van tien harder gaat kloppen. Dan via de brug aan het einde van de straat, de Ruysdaelkade over, weer tijdrekken, nu bij de brandweerkazerne. Alles beter dan zwemles. De nadrukkelijke ladderwagens, de vage geur van rubberslangen die zich vermengde met de rook van de langzaam smeulende zware sjekkies die de brandweermannen nonchalant tussen hun ongetwijfeld vuurvaste vingers hielden. Bastion van een buurt die niet meer de mijne was. Zo dichtbij en toch hoorde ik er al niet meer thuis.

Dralend volgde ik de lange bakstenen muur van het Zuiderbad. Ik voelde aan de voegen, telde de stoeptegels, de weerzin groeide stap voor stap. Een chloorzweem in aantocht. De vrouw achter het loket keek vluchtig op naar mijn zwempasje dat aan een touwtje om mijn hals bungelde. Het galmende gegil van de opwinding die zwemwater bij kinderen veroorzaakt. Als ik bofte had ik een eigen badhokje. Meestal was ik veroordeeld tot een gezamenlijke omkleedruimte. De pleister van een ander die tussen mijn tenen kwam, ook haren die niet de mijne waren. Het gegluur tijdens het uitkleden. Wat een kleintje heeft-ie. De zwemleraar was een grote, luide man met een borstelkop en een vleesrollennek. Zijn witte uitmonstering, die bestond uit plastic sandalen, een katoenen broek en badstof shirt waar grijze haren bovenuit wolkten, maakte hem niet milder. Krielkip van acht. Tien ribbelvingertjes. Een grote vijand: water. De regelmatige ruk aan het ruwe touw om mijn middel waarmee hij me, vanaf de rand, door het diepe sjorde. Empathisch en pedagogisch vermogen waren hem vreemd. 'Mevrouw, die jongen leert het nooit,' hoorde ik hem tegen mijn moeder zeggen de keer dat ze mee was gekomen toen ze mijn verzwikte enkel in twijfel had getrokken.

Het is niet ondenkbaar dat mijn afkeer van water ook haar schuld is. En niet omdat ze het destijds niet voor mij heeft opgenomen in het Zuiderbad. Het conflictmodel is niet het hare.

De zomer van 1958 was mooi genoeg om me mee te nemen naar het pierenbadje in het Beatrixpark. Op een koffietentje na, dat er pas een paar jaar geleden bij is gekomen, is er niet veel veranderd. Alleen de tegenwoordige RAI was er nog niet. De ouders met kinderwagens op weg naar een picknick hebben inmiddels gezelschap gekregen van vrouwen en mannen met rolkoffers, op weg naar een powerpoint.

Hoe zou mijn moeder er toen naartoe zijn gewandeld? De recht op zijn doel af route? De Ferdinand Bol door die overgaat in de Scheldestraat, naar rechts de Diepenbrockstraat op, bestemming bereikt? Of zou ze aan de andere kant de Jacob van Campen uit zijn gegaan, de Ruysdaelkade op, aan het eind schuin de Apollolaan overstekend om een kort stukje Stadionkade te nemen en dan vanaf de andere kant de Diepenbrockstraat in te lopen?

Eén ding is zeker: in de wandelwagen die ze voor zich uit duwde lag ik als tweejarige. En waarschijnlijk in het draadijzeren bakje onder mij een handdoek, een plastic bakje met al thuis in stukjes gesneden appel, en zeker een boek.

Ik kom nog regelmatig in het Beatrix met mijn vriend Donny, de personal trainer met wie ik wekelijks pogingen doe om een beetje in vorm te blijven. Een paar duizend flessen wijn per jaar hebben de neiging om rond het middel te gaan zitten. 's Ochtends vroeg maak ik er mijn kilometers, ik squat wat, en doe tot besluit buikspieroefeningen op een van de banken onder de betonnen pergola die het pierenbadje deels omzoomt.

Toen ze voor de eerste keer als oma meeging vroeg ik mijn moeder of ze nog wist op welke bank ze zat toen ze mij die zomermiddag bijna liet verdrinken. Ze kon het zich niet meer herinneren. Wel dat het was gebeurd. Dat ze het niet had gemerkt omdat ze zat te lezen. En ook dat plotseling uit het niets mijn vader tevoorschijn was gekomen, die vanwege het mooie weer een vrije middag had genomen.

'Je dreef al,' vertelde hij me later.

Tussen water en mij is het nooit meer goed gekomen. Het gedoe met die kapitein van een rondvaartboot tegenover de Heineken bevorderde evenmin de zin om van de hoge te duiken, salto's te pogen of bommetjes te maken. Nadat ik met mijn modderige schoenen over het net schoongemaakte dek had gelopen om mijn voetbal uit de Stadhouderskade te vissen haalde hij uit en belandde ik half in het water.

Het voordeel van mijn natte pak was dat niet te zien was dat ik van angst in mijn broek had geplast. Ook niet door mijn vader, nadat ik naar huis was gehold. Op je twaalfde nog in je broek piesen is per slot van rekening nogal kinderachtig.

'Er is maar één iemand die mijn kinderen slaat, en dat ben ik!' dreigde mijn vader, met zijn vinger tegen de borst van de kapitein priemend toen hij verhaal kwam halen. Op dat moment wist ik zeker dat hij van mij hield.

Toch huren we tegenwoordig altijd vakantiehuizen met een zwembad. Ik houd van de luxe uitstraling. Van de zwembadrobot met zijn onverwachte wendingen, die onvermoeibaar ingewaaide blaadjes, zandresten en gesneefde insecten van de bodem slurpt. Van het rustgevende gekabbel van het water als de pomp aanslaat. Van de schemerlampfunctie als de zon ondergaat. Maar het meest nog van de gedachte dat ik er niet in hoef.

In 2014 hebben we mijn moeder meegenomen naar Zuid-Frankrijk waar we in Saint-Cyr-sur-Mer in een villa zaten die pal aan de kust van een kleine baai lag. *Les pieds dans l'eau*, voetjes in het water, zoals de makelaars dergelijke locaties in hun vitrines afficheren. Uitkijken op een brok rots in het water die Le Submarine heet. *Exactement* omdat-ie nogal op een onderzeeër lijkt. Uit de steentijd.

We zijn er in twee dagen naartoe gereden. Rustig, mede omdat mijn moeder tevreden op de achterbank zat en niets zei.

'Ik kijk graag,' antwoordde ze op mijn vraag of alles goed ging.

In het restaurant in Langres dat bij het hotel hoort waar

we overnachtten, wilde ze het eten dat ze had laten staan – bijna alles – meenemen. Ik praatte het uit haar hoofd. De doggybag is nog niet zo ingeburgerd in Frankrijk. Bovendien waren we nog niet op de plaats van bestemming.

'Maar dan geef ik het aan de vogels.'

'Die zijn hier niet zo dol op entrecote, mam.'

Eenmaal aangekomen beoordeelde zij het uitzicht als 'schitterend'.

Als ze 's ochtends het terras aan de zeezijde op kwam voor het ontbijt verbaasde ze zich erover dat onze hond haar hier ook herkende.

Met de wandelaars die af en toe bleven stilstaan om van het uitzicht op de baai te genieten, probeerde ze te communiceren door heel hard Nederlands tegen ze te praten.

'Schitterend hè?'

'Mijn schoondochter kan heel goed koken.'

'Mijn zoon weet veel van wijn.'

'Wij komen uit Amsterdam.'

Amsterdam. Dat begrepen ze wel.

Van Donny had ik een trainingsschema meegekregen. Tijdens vakanties werd er gewoon doorgework-out. In plaats van twintig minuten op de crosstrainer moest ik dagelijks honderd keer de drieënzeventig treden tellende trap op en af – van de garage beneden naar het terras met het zwembad aan de achterkant van het huis. Vanuit de ligstoel kon ik mijn buikspieroefeningen doen. En hij had mij op het hart gedrukt om iedere dag zeker een halfuur te zwemmen. 'Dan gebruik je al je spieren.'

Geen schreeuwende kinderen. Geen badmeester met een

touw. Geen haren tussen mijn tenen dankzij Herman, zoals we de zwembadrobot hadden genoemd. Toch moest ik mij ertoe zetten.

Op het terras aan de voorkant borstelde mijn vrouw de hond en luisterde naar muziek, met een koptelefoon op om mijn lezende moeder niet te storen.

Rustig trok ik mijn baantjes en ik dacht aan Wim Duisenberg, de voormalige minister van Financiën. Tijdens het zwemmen was hij niet goed geworden; zijn vrouw had hem later dood gevonden in hun zwembad in Faucon.

Wat zou ik doen als ik me nu niet lekker zou gaan voelen? dacht ik terwijl ik de schoolslag verruilde voor een borstcrawl.

Wie zou ik roepen, voor ik kopje-onder ging?

Mijn vrouw zou mij niet horen.

'Mama!'?

Dat had geen zin. Want ook die zat voor. En las een boek.

19

De Tweede Jacob van Campen

Mijn moeder heeft het Indonesië-dagboek niet kunnen vinden dat mijn vader heeft bijgehouden toen hij daar was ten tijde van de politionele acties. Misschien bestaat het wel helemaal niet. Ik heb hem er eigenlijk nooit over gehoord. Laat staan dat ik hem erin heb zien schrijven. Uit de verhalen die hij mondjesmaat vertelde, begreep ik dat-ie daar in ieder geval weinig met de 'ploppers' vandoen heeft gehad. Het neerschieten van de Indonesische vrijheidsstrijders liet hij als geschutmaker aan zijn 'kameraden' over. Toch bewoog-ie zich regelmatig achter de linies. 'In een hangmat,' zei hij met een knipoog. In de Oost had hij een aap, wat mij leuker leek dan onze kat die pendelde tussen een plaats op de bank en een plek in de zon. Eens hoorde ik hem liefdevol over zijn baboe praten, een lichte glans in zijn ogen. In gedachten zag ik een oud besje, gewikkeld in een verkreukelde sarong. Later begreep ik dat het een jonge vrouw was, die alles voor hem deed. Wie weet heb ik in Indonesië wel een ouder halfbroertje of -zusje rondlopen.

Misschien heeft mijn moeder het dagboek wel weggegooid. Geschrokken omdat hij zijn vreemdgaan in den vreemde aan het papier had toevertrouwd. Ze heeft overal gekeken. Tot in haar eigen kledingkasten aan toe.

Als ik opper dat ze daar eens iets uit zou moeten weg-doen, reageert ze verschrikt. Kleding kan altijd nog van pas komen. Om haar garderobe kwijt te kunnen, heeft ze aan weerszijden van de gang extra stangen laten plaatsen, die onder het gewicht doorbuigen. Welkom bij de toneelvereniging.

Tijdens de zoektocht is ze op een zwartkanten jurkje gestuit. Ze heeft het aan.

'Dat droeg ik vijftig jaar geleden voor het laatst. En het past me gewoon nog.'

Weer, wil ik zeggen. Maar ik houd me in.

Ze streelt de stof die over haar heupen valt en draait zich links en rechts naar de spiegel, bijna koket. Al een tijd draagt ze geen bh meer. Dat is wat minder tot de verbeelding sprekend.

Ik besluit maar eens in de berging te gaan kijken, onder in de parkeergarage van haar appartementencomplex. Ze is er nog steeds niet geweest.

'Ik heb er toch niks te zoeken.'

'Een dagboek misschien?' suggereer ik. Maar ze staat al weer voor haar raam waar ze 'een schitterende vogel' ziet. Ik zie alleen een wormstekige houtduif.

De spaarlamp in de berging gloeit traag, bijna protesterend lijkt het. Ik zie een gereedschapskist. Oude boeken. De verzamelalbums van mijn vader. Maar geen schrift waarin hij zijn herinneringen uit Indië heeft verzameld.

Er staan drie vuilniszakken waar we de kleren van mijn vader in hebben gedaan nadat hij was overleden. Ik gooi ze leeg in de hoop dat zijn verslaggeving daartussen is beland. Mijn vader hield van ribfluweel, spijkerbroeken en flanellen hemden. En van Fresh Up-aftershave dat hij was blijven gebruiken, terwijl hij zich al lang niet meer schoor. Volgens mij is met hem de laatste gebruiker uitgestorven. Maar nu ruik ik hem weer. Van mijn vader accepteerde ik witte badstof sokken in sandalen. Nu liggen ze op het kale beton. Ze horen niet hier, maar in het gras aan de oever van de Amstel, op zijn vaste visstek vlak bij huis.

'Waar was je?' vraagt mijn moeder als ik met de vuilniszakken binnenkom.

'Ach,' zegt ze als ik haar de inhoud laat zien. 'Waar heb je dat nou gevonden?'

Onverwacht rijdt er een man op een bakfiets mijn herinnering binnen. Een klein, donker type dat met zijn volle gewicht op de pedalen moest gaan staan om de brug aan het eind van de Jacob van Campenstraat te nemen. Standaard stopte hij bij ons voor de deur, midden in de straat, ter hoogte van de Esso-pomp. Even bijtanken.

'Vodduh! Wie heeft er nog vodduh?'

Volgens mij hijzelf. Hij droeg altijd een broek die hij om zijn buik had gesjord en een bruin ribfluwelen buis van het soort dat de aardappelboer op de Albert Cuyp ook aanhad.

'Ha, de voddenjood is er weer,' zei mijn moeder. Maar ze piekerde er niet over om iets uit haar eigen garderobe weg te doen.

Nu sta ik met mijn moeder bij een kledingcontainer van Sympany, terwijl ik de zakken met kleding van mijn vader erin doe. Ze beseft waarschijnlijk niet dat dit het moment is dat ze voor de laatste keer fysiek afscheid van hem neemt. Toen we zijn as gingen uitstrooien, twijfelde ze of ze meeging.

Was ze bang dat ze nu toch zou moeten huilen?

We besluiten naar de winkel te wandelen, waar mijn vrouw wat te eten voor mijn moeder heeft staan. Op de hoek van de Rijnstraat en de Vrijheidslaan komen we langs De Leeuw Amsterdamse Zuurhandel.

'Joods,' weet mijn moeder.

Maar ze heeft nu geen zin in een augurk waar ze vroeger zo dol op was.

'Ik heb net twee beschuitjes met honing gegeten voor het ontbijt.'

Het is halfdrie.

Op nummer 58 in de Rijnstraat zijn struikelsteentjes in de stoep geplaatst ter herinnering aan de drie leden van een Joodse familie die er woonden voordat ze door de Duitsers werden weggevoerd.

MAURITS BLOM. RACHEL BLOM-MAIJ. DANIEL GERRIT BLOM. AMSTERDAM-AUSCHWITZ-SOBIBOR.

Met de punt van haar moonboot veegt mijn moeder een peukje van het minimonument.

'De meeste mensen die onderduikers in huis namen waren helemaal geen helden. Ze deden het voor het geld. De melkboer om de hoek kreeg zes gulden per week voor een echtpaar. Toen ze het niet meer konden betalen, heeft-ie ze op straat gezet.'

Als ze van de struikelstenen wegloopt, heb ik het idee dat ze haar rug recht.

Tijdens het klaverjassen op zondagmiddag bij mijn opa en oma had ze meer oor voor het belletje dat de komst van de zuurman aankondigde dan oog voor de troefkaart die op tafel kwam.

'Janny, je verzaakt!'

Niet als het om haar bestelling ging: een zoetzure augurk in de lengte in vieren gesneden.

Mosie Klatsjer had geen bakfiets, maar duwde een kar vol met houten vaten. Zure bommen. Amsterdamse uien. Pekelaugurk. Schijven pekelkomkommer. Panharing in het zuur.

Thuisbezorgd, Deliveroo en Uber Eats in hun vroegste vorm.

Conserveertechnieken waar geen *man bun* of tatoeage aan te pas was gekomen.

Het kaarten werd onderbroken. Mijn moeder griezelde van de panharing die mijn vader at. Graatjes!

Mijn oma zette ook de gehaktballen op tafel die nog over waren van zaterdag.

'Wil er iemand zuur bij?'

'Dat krijgen we van jouw gehaktballen wel.'

In de winkel van mijn vrouw hangt een zwart-witportret van mijn vader, een paar jaar voor zijn dood genomen. Het is een prachtige opname. Stoere kerel. Woeste baard. Borstelige wenkbrauwen. Een twinkeling in zijn ogen. Soms vraagt iemand waarom er een portret van Ernest Hemingway in een kookboekwinkel hangt. Waarschijnlijk hadden ze hier de winnaar van *Heel Holland Bakt* of Jamie Oliver verwacht.

'Het is mijn vader,' zeg ik dan trots.

'Jeetje, wat een mooie foto.'

Mijn moeder vindt het ook een mooie foto. 'Heb je die daar nou net opgehangen?'

Het portret hangt er al jaren.

Ik maak me steeds meer zorgen om haar. Fysiek is ze oersterk, maar haar geheugen begint steeds hardnekkiger te haperen.

Onze dochter gaat trouwen en vertrekt voor twee jaar naar San Francisco. Iedere keer weer is het groot nieuws voor mijn moeder, net zoals het feit dat de gang van haar appartementencomplex is opgeknapt. Het is wachten op het moment dat ze 's nachts de deur achter zich dichttrekt om naar de kapper te gaan. Op zich geen overbodige luxe overigens.

Als ik vanuit de winkel in de Gerard Dou naar huis ga, zijn er drie routes. Wanneer ik me nog kort wil onderdompelen in de drukte van De Pijp houd ik links aan en fiets ik de straat uit, richting de Ruysdaelkade. Tegemoetkomende auto's ontwijkend, midden op de weg lopende toeristen omzeilend, zwaaiend naar Stellios – de Griekse fietsenmaker die zijn zaak Ajax heeft genoemd en altijd op de stoep te vinden is: banden oppompen, aan bouten draaien, een ketting spannen.

De permanente buzz van het Gerard Douplein. De terrassen die altijd vol zitten, de onontwarbare fietsenkluwen, het gelaveer van scooters tussen vrachtwagens die staan te lossen. Allemaal tegelijk. Meteen daarna de rust. Hoogstens nog een paar mensen die buiten voor Warung Spang Makandra rustig wachten tot ze mogen aanschuiven voor hun roti.

Ga ik rechts, dan neem ik de Tweede Jacob van Campen. Geen horeca. Geen conceptstores of andere winkels. Op een goed verstopte Jumbo na, halverwege de straat. Zelden zie ik er iemand naar binnen gaan of naar buiten komen. Op hetzelfde adres zat eerst een Ekoplaza, door de biosuper zelf trots ooit flagshipstore genoemd. Maar die is ten onder gegaan in de woelige baren tijdens de zoveelste supermarktoorlog. Aan het eind van de straat kort links en meteen naar rechts, de Quellijn in, de gemaakte vrolijkheid van de terrassen op het Marie Heinekenplein achter mij latend, de Ferdinand Bol over en verder.

Soms loop ik ook terug via de Albert Cuyp, waar de kramen net worden afgebroken. Ik zie de dekzeilen opgerold worden en hoor het gekletter van de metalen staanders op de karren, die teruggereden worden naar hun nachtelijke onderkomens, over de buurt verspreid. Een eerste vuilnisauto mengt zich in het gewoel. De restanten van een marktdag worden nonchalant achterin gegooid door forse kerels die hun autoriteit ontlenen aan de oranje-zwarte werkpakken die ze dragen. Ik houd van het mengmoment waarop de markt weer langzaam in bezit wordt genomen door voetgangers en fietsers.

Ik kom Frank tegen, die 's ochtends en 's avonds de boel opbouwt en afbreekt, tussendoor de post in de buurt bezorgt en de krantenwijk van zijn zoon overneemt als deze op werkweek moet. Hard werken is zijn verslaving. De symptomen laten zijn ogen lachen. Ik heb hem nog nooit chagrijnig gezien.

Op de plek waar de viskramen stonden, scharrelen nu meeuwen en reigers. Toeristen maken foto's van de vogels die deze plek als hun natuurlijke habitat beschouwen, onverstoorbaar pikkend in de visresten, hun poten petsend door het smeltwater van het ijs.

De vaste klanten van de avondmarkt scharrelen ook al rond, zoals het mannetje van wie ik de leeftijd niet kan inschatten. Weer of geen weer loopt hij in een korte broek met daaronder bergschoenen zonder veters, waarvan de flap eroverheen hangt, als een tong uit een naar adem snakkende mond. Met touw heeft hij de zool en de bovenkant bij elkaar gebonden. In een winkelwagentje van Jumbo verzamelt hij stukken metaal, statiegeldflessen en non-descripte restanten van een marktdag die voor hem van waarde zijn. Verderop is het 'boekettenvrouwtje' doende om bloemen van het asfalt te plukken. Een paar net niet uitgebluste rozen, anjers die nog best een paar dagen meekunnen, min of meer onbeschadigde tulpen. Ze maakt er boeketjes van die ze later die avond in de cafés in de buurt verkoopt. Ik zie de oude Marokkaanse vrouw freestyle *dumpster diven*. Onverstoorbaar haalt ze tomaten, mango's en aardbeien uit de in de goot gegooide kratjes. Gekneusd, gebutst, geschaafd en te rijp en morgen onverkoopbaar. Om haar heen hangt de zoet-zachte geur van bedervende groenten en fruit.

Het doet mij aan de schillenboer denken van wie ik opeens besef dat ik die nog heb meegemaakt. De open kar op autobanden waarmee hij onze straat in reed. Een raar soort paard ervoor dat een muildier bleek. Soms was de schillenboer in het gezelschap van zijn vrouw en dochter, een meisje van een jaar of twaalf. Ik vond het zielig voor hen dat ze moesten opeten wat wij weggooiden. Later pas begreep ik dat de schillen, de groenteresten en het oude brood bedoeld waren voor zijn koeien en varkens. Het schijnt van de wet niet meer te mogen. Niet hygiënisch genoeg om onze veestapel mee te voeren. Liever antibiotica.

Ik vroeg aan mijn moeder of zij zich de schillenboer nog kon herinneren.

'Die komt hier nooit,' antwoordde ze. 'En ik geef toch alles wat ik overheb aan de vogels.'

20

Voor de deur een Esso-pomp

'Mevrouw, mag Bassie komen putten?' Ik had aangebeld bij Bassie van Leeuwen op nummer 47, precies tegenover mijn huis. Bassie was de zoon van de garagehouder en, hoewel ruim een jaar ouder, toch mijn vriend. Van Leeuwen was iemand in de straat: zijn naam – GARAGE VAN LEEUWEN – stond nadrukkelijk in zwarte, kapitale letters over twee panden. In het rechter woonden wij, op nummer 52 eenhoog. Pontificaal voor onze deur stond een Esso-pomp. Ik vond dat het mooiste benzinemerk dat er was. De rode ronde letters in het witte ovaal met blauwe bies, die nog meer begonnen te stralen als de lichtbak tegen de gevel onder de slaapkamer van mijn ouders 's avonds aanging. De vage geur van gemorste benzine, de warme dampen die opstegen als een motorkap openging en de uitlaatgassen, die nog niet als ongezond werden bestempeld.

Hangend uit het raam keek ik naar Jos, de leerling-monteur die nonchalant de benzineklepjes opende, het oliepeil controleerde en de banden op spanning bracht. Ik hoorde het getingel van het belletje bij iedere liter die de pomp verliet. Naast de slang stond de mysterieuze dienstmededeling KIJKGLAS MOET VOL ZIJN. Als de luchtgenerator aansloeg, hoorde ik een kuch en een bonk. Tijdens de schoolvakanties mochten Bassie en ik helpen. Niet met tanken, want anders liep Jos zijn fooi mis. Te grote overalls over onze jongenslijven. Eindeloos vegen. De stoep. De garage zelf. De asbakjes legen, het alibi om achter het stuur te kruipen. Auto's poetsen met sliertige proppen katoen tot je vingers verkrampten.

Mijn wekker was het geratel van de garageschuifdeuren die open werden geschoven. Zeven uur 's ochtends. In mijn bed in het tussenkamertje luisterde ik naar de vertrouwde geluiden. Ik hoorde de in de straat geparkeerde auto's gestart worden om naar binnen te worden gereden voor een tienduizend kilometerbeurt en olie verversen. Aan het geluid van hun motor of het dichtslaan van een portier probeerde ik te raden wat het voor type was. Ford Anglia. Opel Kapitän. Dodge Dart. Triumph Herald. Die was makkelijk, want die had bijna dezelfde naam als ik. Als *Wedden Dat* toen al had bestaan, had ik een stralende Jos Brink naast me staan.

Mijn broertje sliep vaak nog.

Ik hoopte dat hij in zijn bed had geplast. Tot zijn tiende deed-ie dat regelmatig. Dan kreeg-ie op zijn donder van mijn vader als hij in zijn doordrenkte flanellen HEMA-pyjama nog slaapdronken voor hem stond. 'Godverdomme Jeroen, je lijkt wel een baby.'

In onze jongste jeugd waren we niet de beste vrienden. We speelden alleen met elkaar als er niemand anders voorhanden was. Een gedoogconstructie.

Ik hoorde het geklepper van de oprijstukken van de leggers wanneer de auto's achter in de garage de bruggen op werden gereden. Om die te kunnen plaatsen had Van Leeuwen ooit een deel van de binnentuinen tussen de Jacob van Campen en de Quellijnstraat bij zijn garage getrokken. Een grote paardenkastanje was de annexatie door baksteen en draadglas nipt ontsprongen. Vanuit de woonkamer kon ik er via het raam en het gargagedak zo op stappen. In de herfst maakte ik onhandig ogende figuurtjes van lucifers en de kastanjes die ik van het dak had gehaald. Als ik een bladstengel met een dik uiteinde vond nam ik die ook mee. Perfect om mijn broer een tik mee op het achterhoofd te geven als-ie voor me uit naar school liep. 'Beddenpisser.'

Bassie kwam met de bal naar beneden. De metalen putdeksels midden op straat waren ons doel. Het was in de maanden voor het WK Voetbal 1966 in Engeland. En al deed Nederland niet mee, de animo in de straat om naar ons voetbal te kijken was er niet minder om. Tante Annie van nummer 49 hing op tweehoog uit het raam. Ome Herman op 53. Tante Dora. Tante Nettie. Ome Toon. En Steffie. Dat was de dochter van Brunel, die op de hoge stoep zat van haar huis. Haar vader had in het souterrain een Tech. Inst. Bedrijf. Geen idee wat-ie deed. Als ik bukte om de bal uit de goot te halen, deed ik mijn best om haar onderbroek te kunnen zien.

Een tegen een. Avond na avond. Kappen en draaien. Lichtwedstrijd door het schijnsel van de straatlantaarns. Een een-tweetje via de deuren van de links en rechts geparkeerde auto's. De doffe dreun als een hoge bal op het dak of de motorkap belandde. Soms een tierende buurman. 'Kijk godtyfus uit. Ik weet waar je woont. Ga bij je vader voor de deur spelen.' Maar dat deden we al. Tussen de benzinepomp liep de denkbeeldige middenlijn.

Af en toe moesten we het spel stilleggen.

'Auto!' riepen we wanneer er eentje vanaf de Ferdinand Bol onze straat in draaide en door ons veld kwam rijden.

Wie als eerste het merk en type herkende, mocht de bal als de wedstrijd hervat werd.

Als er op de hoek een botsing was geweest, liep de buurt onmiddellijk uit. Met aandacht werd gekeken hoe een stroom dampend, roestbruin water uit een gescheurde radiateur traag meanderde richting de dichtstbijzijnde goot.

Toen al was een parkeerplek vinden een kansloze missie. Schuin tegenover ons huis, op nummer 31, was nog een garage. Garage Lee genoot de twijfelachtige eer om zich de Nederlandse importeur van Trabant te mogen noemen. Overal in de Jacob van Campen stonden de autootjes geparkeerd. Bassie en ik hoonden over hun kinderachtige vormgeving, het hardboard van hun carrosserie, de drie kleuren waarin ze gespoten waren: babytrappelzak-blauw, steunkous-beige en kunstledemaat-roze. Een tweetaktparodie op een auto, vonden wij. Met hun pruttelende motortjes. De plastic bumpers. En hun sneue koplampen. Als liefhebbers van echte auto's – maar Bassie vooral omdat zijn vader zijn eigen handelswaar niet kwijt kon in de straat – lieten we regelmatig de lucht uit de banden van de Trabantjes lopen. Een heilloze daad van protest, want zo kwamen ze helemaal niet meer van hun plek. De sabotage leverde een keer een achtervolging op van een Trabant-monteur die in onze woonkamer eindigde terwijl ik me onder mijn bed in het kamertje daarnaast had verstopt. Dat had die monteur beter niet kunnen doen: mijn vader kwam toevallig thuis en dacht dat er een inbreker was. Voor de verandering stond er toen eens een politiekevertje bij de pomp.

Als het regende, speelden we overdag binnen WK'tje op het Deutscher Meister-tafelvoetbalspel van Bassie. Waar mijn broertje en ik een kamer van krap aan vier bij twee moesten delen, had hij, evenals zijn wat oudere zusje, een eigen verdieping. Met een modeltreinemplacement met bergen en dalen, tunnels, stations en een console voor de wissels en de seinen. Jammer genoeg was het er eentje van Fleischmann. Märklin was natuurlijk de ware. Maar dat durfde ik Bassie niet te zeggen, anders mocht ik vast niet meer op volle snelheid met een goederentrein met acht wagons door zijn Gotthardtunnel rijden. Ook was er een vitrinekast waarin het hele wagenpark dinky toys stond geparkeerd. En er was een intercom. Daarin meldde Bassies moeder dat ze het brood op tafel ging zetten als wij op straat speelden, maar het bleek later dat je er ook mee kon horen wat er boven gezegd werd.

Aan het eind van die zomer kwam Bassie niet meer op straat voetballen. Ik dacht dat zijn moeder me tijdens onze wedstrijd Nederland-Engeland aan Bassie had horen vragen of hij het kutje van zijn zusje weleens had gezien. Of de vraag of hij zijn vader en moeder weleens had horen neuken. Ik de mijne niet namelijk. Maar mijn moeder fluisterde over zijn vader: 'K'. De garage werd verkocht. Het voelde alsof Trabant gewonnen had.

Op weg naar mijn werkplek in de Gerard Dou fiets ik door mijn geboortestraat, die nu autoluw is. Inrijden vanaf de Ferdinand Bol is verleden tijd. Er staan nu fietspaaltjes. Er is ruimte gemaakt voor de nooduitgang van de metro. En de meeste parkeerplekken zijn vervangen door bloembakken. Door de verhuizing van Glashandel Rembrandt een paar jaar geleden zijn ook de drie grote bestelwagens verdwenen, met hun opbouw waartegen de glasplaten rustten. Als kleine jongen haalde ik weleens een kluitje uit de emmers met stopverf, Silly Putty voordat dit bestond. De twee oude bedrijfspanden zijn uit elkaar gehaald en worden opnieuw gefundeerd. Rembrandt zonder ruiten. Wie had dat kunnen denken? Een vage geur van grondwater. Het geduldige ronken van een pomp. De andere pomp – die van Esso – is weg. Veel langer al. Er staat nu een boom. Op de plek waar Lee zijn Oostbloknegotie aan de man probeerde te brengen, huist een opslag van spullen die klaarblijkelijk niet gezien mogen worden: de ramen zijn dichtgeplakt. Het verbaast me, omdat zo'n beetje alle vierkante meters op de begane grond die beschikbaar zijn in deze straat bedrijvigheid uitstralen. De fietsenstalling op 38 werd een koffiebar. Ik heb er een keer een espresso gedronken en de geschiedenis van zijn onderstuk aan de even zo Italiaanse eigenaar verteld. Hij begreep me niet. Fietsen? Hij wist een grote winkel van Het Zwarte Fietsenplan op de Albert Cuyp. *Not far.* De slijterij op 56 pal naast mijn oude huis heet thans Glowwell en is een massagesalon. In het nette. Niks happy ending. Het grote benedenhuis op 41 waar vroeger mijn andere vriend Bennie Baltus woonde is een Ethiopisch eethuis. Bennie had dat nooit kunnen bevroeden. Als-ie weleens tussen de middag bij mij mocht komen eten, bliefde hij alleen een sneetje wit met Goudkuipje. Het koffiehuis op 47 waar de gokkers kwamen, huisvest nu een thai. Geen beduimelde speelkaarten meer, maar een geplastificeerde menukaart.

Voor mijn geboortehuis staan een stuk of twintig mensen. Ze hebben geen oog voor elkaar, alleen voor de schermpjes van hun mobiel. Ze wachten tot er een plekje vrijkomt op nummer 54, het linkerdeel van Garage Van Leeuwen, dat nu Bakers and Roasters heet. De Michelin-autobanden, de blikken Esso 10W40-motorolie en het reclamebord met STOP EEN TIJGER IN JE TANK hebben plaatsgemaakt voor de onvermijdelijke avocadowrap, de yoghurt met huisgeroosterde muesli en cappuccino met sojamelk. Ik heb er nog eens een keertje met mijn vader gegeten, niet lang voordat hij overleed. Hij nam een gerecht dat hij herkende. Gebakken eieren met spek. Maar hij verbaasde zich er dan weer over dat hij er kleine pannenkoekjes bij kreeg. 'Het is toch geen toetje?' Of ze niet gewoon belegde witte kadetjes hadden? Daarna begon hij een gloedvol betoog af te steken over de ongekende kwaliteit van de broodjes van Boer Geert, waarvoor hij speciaal met mijn moeder naar Zaandam reed.

Zijn eerste auto liet lang op zich wachten. Op zijn zesenveertigste was het eindelijk zover. Na zeven mislukte pogingen om af te rijden, was het de achtste keer eindelijk raak. Al ging het direct mis bij het ophalen van zijn eerste tweedehandsje. Door de zenuwen trapte hij bij een poging om naar buiten te rijden het gaspedaal in in plaats van te remmen en raakte de muur van de autohandel. Een fikse deuk in het linkervoorscherm en een nog veel grotere in zijn ego waren een feit.

Bij het opruimen kwam ik onlangs een stapeltje van de *Pep* tegen, een jongensweekblad waarvoor ik me op woensdagmiddag naar huis haastte. Zorro, de gemaskerde weldoener, cowboy Blueberry en Roodbaard de Piraat waren mijn helden. 'Mam, is de *Pep* er al?' De teleurstelling als deze nog op zich liet wachten. Uit het raam hangen tot het wagentje van de tijdschriftenbezorger de straat binnen kwam rijden. Later begreep ik dat mijn *Pep* altijd bezorgd werd door dezelfde bladenman die in 1971 de negenjarige Basje Bloemena zou vermoorden die ietsjes verder op de Minervalaan woonde.

Ooit had ik een gele Opel GT boven mijn bed gehangen, een middenpagina uit de *Pep*. Als ik eraan terugdenk, kan ik me er nog over verbazen. Hoewel ik aan het geluid van een dichtslaande autodeur of het starten van een motor het merk kon herkennen, had ik welbeschouwd helemaal niks met auto's. Helpen in de garage was leuk werk, omdat ik het samen met Bassie deed.

Toch bleef mijn vader braaf dinky toys voor mijn broer en mij meenemen. Meer dan door de inhoud was ik gefascineerd door de verpakkingen waarin ze zaten. Helgele doosjes waren het, met kloeke, wat schuinstaande rode letters. Ik was zuiniger op de kartonnen garageboxjes dan op de inhoud.

In tegenstelling tot Bassie stalden wij onze collectie miniauto's niet uit in een glanzende vitrinekast – zoveel hadden we er trouwens ook niet – maar in de doorleefde legerkist waarin mijn vader zijn bezittingen uit Indonesië had bewaard. We deden nog weleens pogingen om met de autootjes te spelen en lieten ze langs onze schaarse Lego-bezittingen rijden. 'Heng, heng,' riepen we dan. 'Beng beng' vonden we veel meer tot de verbeelding spreken. De een aan het ene eind en de ander aan het andere eind van de lange gang stuurden we met een zwiep de autootjes met hoge snelheid over het linoleum op elkaar af. Carrosserieën deukten in. Verf spatte eraf. Rubberbandjes verdwenen. En hoewel een ANWB-motor met zijspan deel uitmaakte van de collectie bleven reparaties achterwege.

Nadat mijn broertje mij een keer een landrover tegen mijn oog had gegooid, ging de kist een maand op slot. Lang genoeg om na te denken over een andere bestemming voor al die burgervehikels. Destijds was ik gefascineerd door oorlog, niet in de laatste plaats door de verhalen van mijn vader die in Aalten ondergedoken had gezeten. Vooral zijn verslaggeving over een Engelse tank die pal voor de bevrijding nog wat Duitsers uit een hooiberg had geschoten, sprak tot de verbeelding. Hij was toen zestien en zou een paar dagen later weer gaan teruglopen naar Amsterdam. Over zijn latere avonturen in Indië tijdens de politionele acties vertelde hij alleen dat hij, terwijl hij bezig was met een Browning machinegeweer op een Catalina-vliegboot, het horloge dat hij van zijn vader had gekregen tussen de kieren van de steiger in het water van de Javazee had zien verdwijnen. Om zijn gesneuvelde kameraden huilde hij niet, maar om het verlies van zijn horloge wel.

In het luchtruim boven mijn bed waren een Spitfire, een Bristol Beaufigther, een Stuka en een Zero in een permanent luchtgevecht verwikkeld. Op het plankje achter mijn bed stond een slagschip, de Scharnhorst. Ooit had ik die van mijn oma Miegie voor mijn verjaardag gekregen. Waarschijnlijk heeft ze er destijds niet bij stilgestaan dat deze van de Duitse Kriegsmarine was en tientallen geallieerde koopvaardijschepen naar de kelder had gejaagd. Ze was Joods. Van het merk Humbrol had ik kleine potjes verf waarmee ik al die plastic bouwpakketten van camouflagekleuren had voorzien. Ze vielen erg op tegen het witte rauhfaserbehang van mijn kamer.

Ik geloof niet dat ik aan mijn vader ooit toestemming heb gevraagd om de dinky toys te beschilderen. In ieder geval bracht hij al tijden geen nieuwe exemplaren meer mee. Hoe dan ook, ze waren nu allemaal legergroen. Vrolijk bestookten we de wederzijdse linies door van zo ver af en van zo hoog mogelijk loden kogels op de autootjes te mikken, die mijn vader meenam uit de kogellagers op zijn werk. Een omgevallen dinky toy was oorlogsbuit en werd toegevoegd aan het arsenaal van de ander.

Totdat de voorruit van een landrover als een loden kogel tegen de ruit van zijn tropische aquarium was gestuiterd, die een barst veroorzaakte waardoor er een paar druppels per dag lekten, als tranen in de Javazee.

21

Bij Berkhout

'Weer eentje,' zegt mijn vrouw wanneer ze in haar kookboekwinkel het persbericht leest over een binnenkort te verschijnen kookboek over de Indonesische keuken. Waar de liefhebber van sajoer lodeh, rendang kambing of gado-gado tot voor kort was aangewezen op het *Groot Indonesisch Kookboek* van Beb Vuyk stapelen de nieuwe uitgaves zich tegenwoordig op. De belangstelling voor de keuken van ons voormalige wingewest is plotseling groot.

'Het lijkt wel een soort culinaire Wiedergutmachung,' grapte ik. 'Een gastronomische manier van sorry zeggen, omdat we daar toen de klootzak hebben uitgehangen.'

De afgelopen twee jaar zijn er een stuk of tien titels verschenen. De meest recente heet *Indorock* en is geschreven door een jonge vrouw die 'op zoek is naar haar Indische achtergrond aan de hand van de keuken. Met haar man en kinderen heeft ze door de archipel gereisd en de smaken dicht bij de bron onderzocht.' Aldus het persbericht.

Zeventig jaar geleden waren mijn vader en schoonvader

ook in het toenmalige Nederlands-Indië. Wel waren ze nog wat jonger dan de schrijfster van *Indorock*: tijdens de tweede politionele actie in 1949 waren ze krap twintig. Mijn vader had er zijn baantje in de luwte van het strijdgewoel. Mijn schoonvader bestuurde er een tank. Hij reed ermee door dorpen. En omdat-ie toch in de buurt was ook door hutten.

'Dat scheelde granaten.'

Hij schepte er niet over op. Waar geweldplegers tegenwoordig hun prestaties op een livestream zetten, liet hij het bier en de jenever stromen. Hij ging erheen als liefhebber en kwam terug als alcoholist.

Ik heb ze eens meegenomen naar Sama Sebo, het oudste Indonesische restaurant van Nederland, dat in Amsterdam op de hoek van de P.C. Hooft- en de Museumstraat is gevestigd. Het leek me wel een geschikte locatie om de verhalen aan te horen die ze op verjaardagen niet zo geschikt vonden om te delen. Maar eens te meer bleek mijn vader niet zoveel te vertellen te hebben.

Mijn schoonvader leek helemaal niet over die periode te willen praten. Hij wilde wel nog 'een pot bier'.

'Vanwege de sambal,' zei hij. Ik keek naar beide mannen. Alle twee stuk. Afgekeurd voor hun werk. Het is een woord dat een stempel op hun leven heeft gedrukt: afgekeurd. Mijn vader afgekeurd voor de marine, terwijl de wereld over varen zijn grote droom was. Later afgekeurd als metaalbewerker, omdat zijn nek en schouders hem in de steek lieten toen-ie halverwege de veertig was. Mijn schoonvader afgekeurd vanwege een combinatie van te langdurig sjouwen met cv-ketels en een oude breuk in zijn nekwervel die hij in

Duitsland had opgelopen. In tegenstelling tot mijn vader had hij de Arbeitseinsatz niet weten te ontduiken.

Arbeidsafdankertjes.

Mijn schoonvader was een stille drinker geworden, die zijn lege flesjes thuis achter de gordijnen van de woon- en slaapkamer zette alsof ze daar onzichtbaar zouden worden. Die de jeneverfles in de koelkast aanvulde met water, zodat het leek alsof hij het spul niet aanraakte. Links en rechts in huis had hij geheime voorraden die iedereen wist te vinden.

Toen onze kinderen klein waren, ging hij weleens mee naar de speeltuin. Maar zijn drinkpatroon, gecombineerd met een pakje zware Van Nelle, stond daar inspanningen die groter waren dan het aftikken van zijn sjekkie in de weg. Bovendien had deze grootvader vanwege een mislukte nekoperatie altijd een harde, kunststof halskraag om zijn hals.

'Mag opa daar niet likken, papa?' informeerde zoon Bob eens.

Onze poes had een dergelijk ding om gehad om te voorkomen dat ze na de sterilisatie voortdurend aan de hechtingen zou gaan knagen.

Tussen de talloze kleine en grote bakjes op tafel lagen hun twee fotoalbums, plomp en beige als Hollanders. Maar het doorbladeren ervan werd een teleurstelling voor de oorlogsverslaggever in mij: geen smoking gun te zien.

Het boek met foto's waarin mijn vader krijgshaftig geposteerd stond voor een jachtvliegtuig, op zijn basis en in de nabijgelegen kampong, was zoekgeraakt tijdens zijn terugreis naar Nederland.

Het bewijs dat mijn vader überhaupt in Nederlands-Indië was geweest werd nu geleverd door een fotoverslag van een reis die hij in 1992 met mijn moeder naar Bali had gemaakt. Hij praatte er honderduit over, terwijl ik een onscherpe opname zag van mijn moeder die snoepjes uitdeelde aan kindjes die zich achter het hek van hun hotel verdrongen. Er waren foto's van een aap, die hij beter in Artis had kunnen nemen omdat hij er dan dichterbij had kunnen komen. We bladerden door hoofdstukken 'paleis', 'plantage' en 'batik-atelier'. En ik zag foto's van een paleis, planten en batik. En mijn vader in witte sokken in sandalen. Fier poseerde hij tussen twee frêle, elegante danseressen in het hoofdstuk 'staatsballet'.

De eigenaar van Sama Sebo meldde zich aan tafel met de vraag 'of alles naar wens was?' Hij voetbalde bij AFC, waar ik ook speelde. Terwijl de vaders opschepten, deed ik dat ook: ik vertelde hun dat de eigenaar vroeger het jongetje was uit de televisiereclame voor King Corn, een voorverpakt witbrood dat heel lang goed bleef. 'Het enige wat je weggooit is de verpakking,' werd er beloofd. In die tv-spot had hij de legendarisch geworden woorden gesproken: 'Ik ga bij Japie wonen', omdat hij bij zijn vriendje wel King Corn te eten kreeg. Ik heb het altijd wel geestig gevonden dat iemand die in rijsttafels grossierde nationale bekendheid kreeg dankzij een reclame voor brood.

Mijn schoonvader had niet zo'n interesse in Zweeds wittebrood en vroeg hem of hij nog een Hollands biertje kon krijgen. Eten deed hij sowieso nauwelijks. Op zijn bord roerde hij gebakken rijst met sambal door elkaar en schoof dat wat van links naar rechts. Hij prikte wat sajoer boontjes aan zijn vork en werd gered door het grote glas Heineken dat voor hem neer werd gezet. Op de vraag of hij misschien echt Indonesisch bier bij zijn rijsttafel wilde, had hij gehuiverd. Voor hem bestond er maar één merk. Zelfs Amstel weigerde hij te drinken.

De transparante schutbladen knisperden en vielen bijna uit elkaar. Mijn schoonvader had het album meegenomen waarin een deel van zijn jeugd was vastgelegd. De beginjaren van de vorige eeuw in de Oost. Zoon van een familie met uitgestrekte rubber- en suikerplantages. Een Rolls-Royce met open dak voor het huis. Groepsfoto's met mannen en vrouwen in witte tropenkostuums, die uitstraalden dat zij daar de baas waren. Een opname van de bouw van hun nieuwe suikerfabriek in de buurt van Soerabaja op het moment dat op de bouwplaats een in een laken gewikkelde kop van een karbouw als zoenoffer werd begraven om kwade geesten te verdrijven.

'Ze zeiden dat een mensenhoofd beter was.'

Bij een foto uit 1927 van mijn schoonvader als baby en van zijn oudere zus Marga hield hij even stil en nam hij een grote slok bier. Zag ik nou een traan? Of was het de condens dat langs zijn glas liep? Alle twee? Hij was niet zo van de emoties.

Na de dood van Marga in 1983 had ik hem nooit meer over haar gehoord. Ze was met een brandende sigaret in slaap gevallen en haalde daar het bulletin van de radionieuwsdienst mee.

'Bij een felle, uitslaande brand in Amsterdam-West is een nog onbekende persoon om het leven gekomen.'

Waarschijnlijk had ze er niets van gemerkt. Zoals zo vaak was ze dronken geweest. Erg dronken. Drank doordesemde de familie.

Na de crematie rookte mijn schoonvader in de aula een zware van De Weduwe, dronk zijn Heineken ('nee, dank u, voor mij geen koffie') en zweeg. Zoals zijn hele familie dat altijd had gedaan.

In zijn album kwam ik overigens wel foto's van baboes tegen. Ze hadden er meerdere, die op de kade stonden te zwaaien toen hun werkgevers in 1927 terugvoeren naar Holland. Trouw tot de trossen losgingen. Er waren opnames van hun luxe hut aan boord. Van zijn moeder op het bovendek – benedendeks was voor de sloebers – in een lange jurk met een kleine parasol koket boven haar uit priemend. Van zijn vader die een sigaar rookte, uitkijkend over zee. Er waren latere foto's van hun villa aan de Koningslaan in het Bussumse Spiegelkwartier.

Mijn vader herkende de meubels. 'Pander,' zei hij terwijl hij de foto's bekeek. Pander was de meubelfabrikant door wie de rijken hun huizen lieten inrichten. Dat bleek een band te scheppen. 'Daar heeft je oma Miegie jarenlang schoongemaakt.'

Ik herinnerde het mij. Als we langs hun toonzaal op de Kalverstraat kwamen, die helemaal tot aan het Rokin doorliep, tikten we tegen de etalageruit als we haar toevallig bezig zagen. Met een grijns stortte ze zich dan op de uitgestalde divan, haar plumeau aan de borst klemmend als ware het haar minnaar.

Het fotoboek van mijn schoonvader stopte abrupt bij 1929. Wall Street.

Het met rubber en suiker vergaarde kapitaal verdampte. De villa werd een etage op tweehoog in de Amsterdamse Spinozastraat. Zijn vader kon pas in 1957 de schande achter zich laten door te overlijden. Zijn moeder, die nooit gewend was geweest om voor zichzelf te zorgen, werd daarna beurtelings door haar vier kinderen opgevangen. Wat dat betreft had ze mijn moeder kunnen zijn. Ik heb haar nog meegemaakt. Ook op een stoel voor een raam op een kleine bovenwoning had ze nog steeds het aura om zich heen van een onverbiddelijke plantagebezitster.

We vertrokken bij Sama Sebo, wandelden een stukje door het toen nog winkelvrije deel van de P.C. Hooftstraat, rechtsaf de brug van de Stadhouderskade over, De Pijp weer in. Ik thuis. Mijn schoonvader nog niet. Verderop zou hij de tram pakken die hem – hoe toepasselijk – naar Oost zou brengen.

Hij liep met zijn bovenlichaam enigszins naar voren gebogen, waardoor de kunststof kraag om zijn nek iets weg had van een satellietontvanger. Als hij stemmen had gehoord, dan hadden ze hem ingefluisterd dat hij beslist nog ergens een biertje moest gaan drinken. De rijsttafel. De inspanning van een paar honderd meter lopen. Het vooruitzicht dat hij thuis ontvangen zou worden door een vrouw die net zo weinig tegen hem te zeggen had als hij tegen haar. Daar krijg je dorst van.

We kwamen terecht bij Berkhout, op de hoek van de Ferdinand Bolstraat en de Stadhouderskade, tegenover de Heineken Brouwerij. Het is een bruin, antiek aandoend café dat er al zat toen ik als kleine jongen nog om de hoek woonde. Bij die kruising stak ik elke dag met mijn broertje de Stadhouderskade over om naar onze lagere school aan de Prinsengracht te lopen. Vanbuiten is nog alles bij het oude. Weliswaar raast er nu meer verkeer voorbij, maar de tijd heeft er stilgestaan. Berkhout ziet eruit alsof het door Pander is vormgegeven: een fraai bewerkte, glanzende houten gevel en art-nouveauglas in de bovenlichten. Met de vanzelfsprekendheid van een habitué ging hij aan een tafeltje bij het raam zitten. Misschien was hij er wel vaste klant. In ieder geval schonken ze er zijn merk.

'Op weg naar huis kan hij geen café voorbijrijden,' wist mijn schoonmoeder. Zij was al lang geleden gestopt het avondeten voor hem op te warmen als hij eindelijk thuiskwam nadat hij ergens in het land een haperende cv-ketel weer aan de praat had gekregen.

Hij deed zijn kraag af en strekte zijn hals, reikhalzend uitkijkend naar dat wat zo komen ging. Zo ook nog wat extra ruimte makend voor daarna nog een biertje.

22

Een meisje van de gracht

'Toen ik 'm kreeg aangeleverd lustte hij bijna helemaal niks,' hoor ik mijn vrouw zeggen tegen twee dames in haar kookboekwinkel. Er klinkt gelach.

Het is haar vaste antwoord op de regelmatig gestelde vraag 'of we al dat lekkere eten en drinken dat we voor ons werk doen van huis uit hebben meegekregen'.

Het tegendeel is waar.

Haar moeder had een fatsoenlijke nasi, een niet levensbedreigende gehaktbal en een deugdelijke appeltaart op haar repertoire. Maar veel vreugde beleefde ze niet aan die kookkunsten: haar man was alleen maar geïnteresseerd in jenever en bier. Tot ze ver in de twintig was heeft mijn vrouw niet durven drinken uit angst voor hoezeer drank een mensenleven kan beïnvloeden. Terwijl haar vader niet eens een kwade dronk over zich had, zijn salaris niet verbraste en er geen buitenvrouw opna hield. Het was de combinatie van het onthechte gezin, het ongewenste broertje en het ontbreken van vaderliefde die voelbaar aanwezig in huis hing, als een permanente brok in haar keel. Toen ze moest afzwemmen kon-ie niet. Tijdens de uitreiking van haar middelbareschooldiploma had-ie verplichtingen elders. En ook toen ze met mij ging trouwen had-ie wat belangrijkers te doen.

In de familie werd gezegd dat hij was gaan drinken omdat hij tijdens de oorlog in Duitsland in het kamp had gezeten. En dat hij later in Indië zulke nare dingen had meegemaakt. Maar ze wisten beter. Op zijn middelbare school werd gefluisterd dat hij al een borrel dronk. Hij was toen veertien. Hij stierf op zijn drieënzeventigste een plotsdood in zijn tv-stoel toen hij een keertje wel wat at. Mijn schoonmoeder bracht net haar eigen bordje naar de keuken, dat ze zwijgend naast hem in haar eigen fauteuil had leeggegeten, toen ze zijn bord witlof met ham en kaas op de grond hoorde kletteren. 'Karel, wat doe jij nou?' Maar hij hoorde het al niet meer.

'Koos, ik wist dat je een slechte kok was, maar dit sloeg alles,' speechte ik tegen haar op zijn begrafenis. De broer van mijn vrouw kon dat niet waarderen. Die hebben we daarna nooit meer gezien. Daarvoor trouwens ook niet. Niet lang daarna ging hij het land uit, naar Oostenrijk. De dag nadat mijn schoonmoeder overleden was, belde hij mijn vrouw. Of ze ervoor wilde zorgen dat de erfenis eerlijk verdeeld werd. Maar er was geen geld. Even hebben we overwogen om het verhuisbedrijf dat haar woning had ontruimd de helft van de vermoeide huisraad op de stoep van zijn huis in Braunau te laten neerzetten.

Mijn vrouw ontmoette ik toen ik zeventien was en zij nog net niet. Plaats van handeling: het Ir. Lely Lyceum, onze middelbare school op de Keizersgracht 177. Ze woonde daar niet ver vandaan op nummer 357. Ik zag haar weleens lopen als ik op mijn Puch voorbij kwam scheuren. Dan draaide ik altijd kort de gashendel open om mijn uitlaat zonder demper te laten knetteren. Zo nonchalant mogelijk keek ik dan om, terwijl onder mijn helm mijn lange haren wapperden. Op de bagagedrager waar ze later op zou komen te zitten, zat de pukkel vastgesjord met het erop geschilderde ban de bomteken.

Een meisje van de gracht. Luxe spul voor een jongen uit De Pijp. Maar helaas bleek ik naast de hoofdprijs te hebben gegrepen. Toen wij in december 1973 verkering kregen (destijds was dat na tongzoenen meteen het geval; friends with benefits bestond toen nog niet), was zij net naar Oost verhuisd: hoek Krugerplein en Pretoriusstraat. In plaats van uit te kijken op de brug die de Runstraat met de Huidenstraat verbond, had ze nu uitzicht op snackbar 't Snorretje. De groene waas van de ontluikende iepen aan de gracht had plaatsgemaakt voor de geur van bruin fruit. Op de eerste avond dat ze er was komen wonen was er een steekpartij.

Vaak at ze bij ons. We woonden toen al drie jaar niet meer in De Pijp maar in Saai-Zuid. Mijn vader was net met koken begonnen. Daar had-ie alle tijd voor, want hij was afgekeurd. Hij genoot een uitkering maar vond het verschrikkelijk. Een man moest zijn gezin onderhouden. Een man werkte voor zijn geld. Een vrouw niet. Die moest thuisblijven. Maar daar had mijn moeder juist geen zin in nu hij daar ook was. Zij wilde weer aan de slag. Het was 1975. Het Internationaal Jaar van de Vrouw. Mijn moeder wist haar schoondochter in spe aan haar kant. De felle discussies die er werden gevoerd over het kabinet-Den Uyl en de oorlog in Vietnam. Nixon moordenaar. Mijn vader kookte de woede en de samenzweringen manmoedig van zich af. Met pannen kippensoep. Met viskoekjes die hij als zijn specialiteit beschouwde. Met ovenschotels uit de kookboeken van Time Life. Ik at met lange tanden. De blauwige peesjes in het kippenvlees uit de soep. De graatjes die in de viskoekjes waren blijven zitten. De vette randen, de lil van het goedkope stoofvlees. Ook omdat-ie toen nog niet zo goed kon koken. Maar mijn vrouw genoot ervan. Niet zozeer van het eten, maar van een normaal gezinsleven. Samen aan tafel. Samen ruziemaken. Samenzijn.

Als ik onderweg naar de winkel voorbij de frietkraam op de hoek van de Albert Cuyp en de Van Wou fiets, zie ik daar mijn moeder zitten. Ze zit er in een van de witte plastic Hartman-stoelen die er met een aantal soortgenoten een poging tot terras doet. Ze negeert het bordje bij de kraam GELIEVE NIET DE VOGELS TE VOEREN. Ruimhartig strooit ze de frituurwaar in het rond. 'Die vogels kennen me gewoon al,' zegt ze opgewekt.

Niet veel later komt ze naar de winkel waar ze standaard haar koffie krijgt. 'Zalig,' luidt haar oordeel. Thuis maakt ze haar koffie door heet water over een Senseo-pad heen te schenken en dat te laten trekken. Het bijbehorende apparaat staat ongebruikt in de kast. Te ingewikkeld. Nee, ze hoeft niets te eten. Ze heeft al gegeten.

'Heb je eigenlijk altijd een kookboekwinkel willen hebben?' informeert ze bij mijn vrouw. Op zich heel attent, ware het niet dat ze het iedere keer vraagt als ze in de winkel is. Tweemaal per week. Ook de complimenten die ze geeft over de maaltijd die ze de vorige keer heeft meegekregen, maken een vast onderdeel uit van het gesprek. Aan de koffiemok warmt ze haar handen. Ze heeft het altijd koud. Ondervoed, zoals zoveel alleenstaande bejaarden. Alleen eten is niet leuk.

'Wat kan die meid koken, hè?' Ze kijkt naar mijn vrouw die in de keuken bezig is. Ook dit is een vast geluidsfragment. Ik hoef er niet eens voor op een knop te drukken. Mijn vrouw maakt garnalenvingers. Een Thais gerecht. Ik stel mijn moeder gerust dat het hier gaat om het van de beestjes gemaakte mengsel op vingerlange stukjes wit brood die later vervolgens gefrituurd worden. Erg lekker. Maar de gedachte aan garnalen en hun vingers vindt ze eng.

'Wat had je mij vorige keer ook weer meegegeven?' vraagt ze aan mijn vrouw.

'O ja, ik weet het weer, aubergine. Het was zalig.' Ze kijkt tevreden om zich heen.

'Heb je vroeger ook kookboeken in huis gehad?' vraagt mijn vrouw.

'Nee, daar vond ik niks aan. Ik deed maar wat.'

Onlangs pakte mijn vrouw haar allereerste kookboek weer eens uit de kast, *Eenvoudige Dineetjes*, uit 1971 van Carla Lee. Ze heeft het altijd bewaard. Het was ons culinaire startschot. Toen wij op ons negentiende gingen samenwonen, maakte ze er op de eerste avond champignons à l'escargot uit. Ik had er bij Albert Heijn een literpak Pinard-tafelwijn bij uitgezocht. Wij vonden het een onvergetelijke combinatie.

Met mijn moeder ging ik vroeger mee om de dagelijkse boodschappen te doen. Onder het motto 'Een mens moet toch eten' zetten wij koers naar Pappot. De keurslager drie huizen naast ons met een vitrine vol h.o.h.-gehakt, bleke varkenskarbonaden en heloranje zigeunerschnitzels. Met de nodige tegenzin at ik de blinde vinken of slavinken die iedere week op tafel kwamen.

Ook voor groenten konden wij in de straat terecht. Van quinoa, avocado en vergeten groenten had niemand toen al weet. Laat staan mijn moeder. Als ik al iets wil vergeten dan is dat het eindresultaat van mijn moeders bloemkool, sperziebonen en spruitjes. Onlangs las ik een interview met een dieetgoeroe dat ook groenten gevoel hebben. Mocht dat het geval zijn, dan hebben die destijds in haar handen zijn gevallen doodsangsten uitgestaan. Aardappelen kwamen van een handelaar die wekelijks met een bestelwagen de straat in reed. Geroutineerd opende hij zijn rolluiken en toonde zijn binten, dorés en eigenheimers.

De kaashandel was de meest basale winkelruimte die ik kende. Wat er verkocht werd was duidelijk. Op het winkelraam stond in wat bonkige schrijfletters 't Kaasboertje. Dat was een wonderlijke naam, vond ik, want de man zelf was enorm. Met zijn halflange beige stofjas stond hij tussen de gele kazen die op houten planken lagen uitgestald. Kleur ontbrak in de winkel, alles was beige, en er viel niet veel te kiezen. Er was Goudse kaas. Hij treuzelde zijn vragen over de toonbank. Jong belegen? Belegen? Oud belegen? Dun gesneden? Korstjes eraf? Punt? Plak? Mag het ietsje meer zijn? De Van Berkel-weegschaal gaf aan hoeveel meer. Alles ging langzaam.

Laatst ben ik er weer eens naartoe gegaan. Locals Coffee zit er nu. Er is een wand vol lijstjes met zwart-wittekeningen. Het schoolbord waar het menu op gekalkt staat, is ook zwart met wit. De koffie is er goed. Zalig, zou ik bijna zeggen. Van hetzelfde merk als de koffie die wij in de winkel hebben.

Inmiddels is er ook een terras. Vanaf die plek heb ik een goed uitzicht op nummer 40, waar ooit bakkerij Hoogendoorn zat. Nu wordt er shiatsu bedreven. Er rijdt een auto de straat in om een parkeerplek te zoeken. Ik geef hem weinig kans. De parkeerplekken in de buurt hebben moeten plaatsmaken voor bloemperken. Floradwang. Achteruitrijdend komt hij al weer terug. De auto moet de Frans Halsstraat in. Pal om de hoek zit De Waaghals, in de Jacob van Campen. In 1981 was dit het eerste vegetarisch-biologische restaurant in de stad.

Van mijn moeder mocht ik altijd alleen bij Hoogendoorn brood halen als ik tussen de middag uit school thuiskwam om te eten. 'Haal maar een Rotterdammer. Gesneden.' Die luxe wilde ze zich nog wel permitteren. Het elektrische mes dat ze ooit voor Moederdag had gekregen werd maar één keer gebruikt. Tijdens de première had ze ook het snoer doorgesneden.

Mijn eerste winkeldiefstal pleegde ik bij Hoogendoorn: een flessengroen snoepfluitje van een dubbeltje dat op de toonbank stond. Het was ook meteen mijn laatste. Ik voelde me er slecht door. Of misschien was het meer een combinatie van angst en schaamte. Om betrapt te worden. Mijn moeder die erbij gehaald zou worden. De gedachte van de Volkswagen kever van de Amsterdamse politie voor de deur. De buren die uit het raam hingen. De straf van mijn vader. Maar ook de blik van de bakkersvrouw als ik later weer een brood zou moeten halen.

Al was de Albert Cuyp dichtbij voor de dagelijkse boodschappen, mijn moeder kwam er nauwelijks. Hoogstens af en toe om bloemen te halen. Ik was er vaker te vinden. Tussen het gedrang van de Surinamers, de Chinezen en de Spanjaarden, die wisten dat ze er de beste vis konden vinden. Nog steeds trouwens. Ik werd er tot geduld gemaand door een van de visverkopers, omdat-ie net een bestelling opnam in het Portugees. Ondertussen keek ik naar de houten bakken met paling die traag bewegend op het onvermijdelijke lagen te wachten. Hun felle ogen priemden verwijtend vanuit hun eigen slijm. Het vismes dat de kop van het lichaam scheidde, maakte een eind aan hun leven, maar niet aan hun bewegingen. Vinnig kronkelden de lichamen zich nog als een donker glanzende slavenarmband om de pols van de visman die het vonnis had voltrokken. Mijn vader had ook eens een portie gekocht, om paling in 't groen te maken. Hij leek er niet mee te zitten dat-ie het maaltje helemaal zelf moest opeten. Mijn moeder griezelde ervan. Ik had ook zo mijn bedenkingen. We keken naar hem terwijl hij de moten langzaam en gelukzalig afkloof, de kale graten in een waaier op de rand van zijn bord uitspreidend.

Was ik als jonge jongen op de Cuyp dan stroopte ik de

hele markt af. Met bewondering keek ik naar de serveerster van het koffiehuis dat nu nog steeds op de hoek van de Eerste Sweelinck zit. Behendig manoeuvreerde ze richting de kooplieden, het dienblad met volle glazen koffie met melk met gestrekte arm hoog uittorenend boven de mensenstroom, als een dobber in een rivier. Ik hield stil bij de standwerker die zelfs de meest ongeïnteresseerde omstander met een arm vol kamerplanten liet vertrekken. 'Weet je wat? Dan doe ik er deze fuchsia nog voor een guldentje bij.' Ik wist niet van wie ik meer onder de indruk was: van hem of van de sinaasappelkoopman met de kapitale krulsnor en hoge hoed die vanachter zijn hoog opgetaste koopwaar partjes liet proeven. 'Proef nou toch hoe zoet ze zijn. Zoeter dan de liefste baby.' Bij de kraam met dameskleding en -ondergoed gaf ik een tik tegen de panty die aan de zijkant hing en waar een skippybal in was gestopt. Speciale aanbieding voor zwangere vrouwen: PAST TOT 12 MAANDEN. Voor twee bh's was een mooi prijsje gemaakt. VOOR EEN TIENTJE LAAT JE ZE TOCH NIET HANGEN! Nooit kon ik zomaar voorbij de grote fietsenwinkel lopen, achter de kramen op de markt. Daar stond de racefiets die ik hebben wilde toen ik als tienjarige mijn rode Juncker dreigde te ontgroeien: een champagnekleurige Peugeot met tien versnellingen. De prijs van 229 gulden op het kaartje dat op het stuur geklemd zat was nog lange tijd te hoog gegrepen.

Ook als aan het eind van de dag de markt werd afgebroken, struinde ik er rond. Nu geen geschreeuw meer van kooplui, maar van jonge kerels in strakke shirtjes met opgeknipte mouwen. Met veel kabaal smakten ze de schragen en tentdoeken van de kramen op hun platte wagens. De mensenstroom had plaatsgemaakt voor een karavaan aan rollend materieel dat her en der werd opgeslokt door de ruimtes in de buurt die als opslag dienstdeden. Voor de vuilniswagens uit probeerden zwervers nog iets van hun gading te vinden. Appels met een plekje, gekneusde tomaten, overrijpe bananen. Reigers pikten met hooghartige tegenzin in het visafval, alsof ze zich te goed voelden om hier hun maaltje bij elkaar te scharrelen. De geur van het lekwater uit het smeltende ijs van de viskramen die uit het asfalt opsteeg en, al werd het dagelijks schoongespoten, nooit verdween.

Toen ik al lang het huis uit was, ging ik nog weleens met mijn vader de Cuyp op. Hollandse nieuwe vormde een mooi alibi om een hoekje van De Vlaardingse Haringhandel te annexeren. 'Har' – evenals mijn moeder noemde hij mij nooit voluit bij mijn naam – 'als ik de zevende dreig te bestellen, moet je me wegtrekken, hoor.' En dat deed ik, maar niet eerder dan dat-ie er nog een paar voor thuis had meegenomen. 'Je moeder vindt ze ook lekker,' zei hij knipogend. Haar voorkeur voor haring beperkte zich tot een rolmops. 'Kinderharing,' noemde mijn vader die.

Na afloop van een matinee zitten mijn moeder en ik in La Falote, een eethuisje in de Roelof Hartstraat. De brug van de Ceintuurbaan over, net De Pijp uit, waar het plots Duivelseiland heet, vernoemd naar de kaarsenfabriek die hier rond 1900 gloeide en walmde. Ook in La Falote lijkt de tijd te hebben stilgestaan. Het interieur is bruin. Wanden vol retrolijstjes. De tafelkleedjes geblokt. Het is haar vaste adres als ze naar een concert in het Concertgebouw gaat.

'Wat speelde er, mam?'

'Geen idee. Maar ik vond het schitterend.'

De kok-eigenaar noemt haar 'schoonheid' en serveert herkenbare gerechten. Veel pannetjes. Veel schaaltjes. Veel voor weinig. Hoewel ze weinig eet, vindt ze dat belangrijk.

Het dagmenu dat op het kaartje op tafel wordt aangekondigd voorziet in kaasfondue. Ik weet zeker dat zij die niet gaat nemen. Toen ze een keer een poging had gewaagd om op aanraden van een damesblad zelf zoiets feestelijks op tafel te zetten, had ze zoete witte wijn gebruikt in plaats van droge. Het smaakte haar niet. Ons ook niet trouwens. Ze vergiste zich wel vaker in ingrediënten. In plaats van nootmuskaat deed ze kaneel over de bloemkool. Ze had het gedroogde voer voor de tropische vissen dat mijn vader in het keukenkastje bewaarde eens over de sla gestrooid. 'Ik had niet goed gekeken en ik vond dat het van die vrolijke kleurtjes had.'

Ze bestelt sliptongetjes en laat er vast eentje door de kok fileren. Traag schuift ze kleine stukjes op haar vork, denkbeeldige graatjes wegschuivend.

'Zalig, hè. Ik kom hier ook altijd als ik naar het Concertgebouw ga.'

De kok komt informeren of hij ook het tweede visje voor haar zal fileren. Maar hij weet het antwoord al. Hij heeft de snackbarzak al bij zich, zodat ze het resterende visje mee naar huis kan nemen.

De volgende dag zullen de duiven het gezelschap van meeuwen moeten dulden.

23

Aan het eind van De Banaan

In de gangkast staat mijn vader naast onze hond Lana die ook in een urn is gaan wonen.

Het werd tijd om hem maar eens te gaan uitstrooien. Inmiddels bevond hij zich al vier jaar in het donker tussen de verlengsnoeren, het ontstoppingsmiddel en het gereedschap. Maar hij hield van buiten zijn. Nu ging slechts af en toe de deur even open en knipte ik de lamp aan om een tasje te pakken waar zes flessen wijn in passen. Ik knipoogde altijd wel naar 'm en zei: 'Hallo ouwe.' Ik hield van hem. Maar hij moest nu toch maar het huis uit.

In gedachten maakte ik een wandeling langs mogelijke locaties. In ieder geval is het duidelijk dat we hem te water gaan laten. In Indië was hij beroepsmarinier. Nadat hij was afgezwaaid, werd de Javazee verruild voor de Stadhouderskade, de Bosbaan en de Vinkeveense Plassen. Daar ging hij vissen en had hij een bootje.

Ook de Amstel en het IJ haalden de shortlist. De eerste optie viel al snel af, omdat hij daar alleen de laatste jaren van zijn leven had vertoefd, aangezien hij er vlakbij was komen wonen. Als ik hem er weleens opzocht, zat hij onder zijn hoedje te soezen in plaats van naar een dobber te turen. Mijn moeder zat op de bank achter hem een boek te lezen. In mijn droomscenario zag ik hem, gezeten op zijn vervaalde beige-wit gestreepte klapstoeltje, het huidige met het eeuwige verwisselen, met zijn grote liefde achter zich en zijn grote passie voor zich. Op een mooie dag, de hengel in de hand, zou hij, wijzend op de lichte schokjes van zijn dobber ten teken dat hij beet had, tegen mijn moeder zeggen: 'Janny, ik heb leven.' En terwijl zijn dobber onderging, zou hij zelf langzaam wegglijden. Het wuivende riet zwaaide hem uit.

Maar zijn vaste visstek bevond zich pal tegenover de uitgang van begraafplaats Zorgvlied waar wij vier jaar geleden afscheid van hem hadden genomen. En dan hadden we, bij wijze van spreken, de lijkwagen in plaats van hem links af te laten slaan ook wel meteen rechtdoor kunnen laten rijden.

Bij het IJ ging hij weliswaar vaak op snoekbaars vissen, vanaf de steigers achter het Centraal Station, maar daar voelde ik mij zelf wat ongemakkelijk bij. Het waait er voortdurend en dan schiet me toch altijd weer de scène uit *The Big Lebowski* te binnen, waarin Jeff Bridges en John Goodman de as van hun vriend Steve Buscemi uitstrooien als de wind plots hun kant op draait. Bovendien worstelde ik een beetje met een vervoersissue. Met de auto is de achterkant van het Centraal nauwelijks bereikbaar. Als ik de urn achter op de fiets nam, zou hij onder de snelbinders vandaan kunnen schieten. En mijn vader in de Vijzelstraat opvegen, vond ik geen aantrekkelijk vooruitzicht. Met de tram gaan was een mogelijkheid, maar als het druk was moest hij bij mij op schoot.

Er pleitte nog iets tegen het IJ.

Als klein jongetje ging ik op zondag regelmatig met mijn vader en moeder naar Amsterdam-Noord om mijn vaders broer te bezoeken. Met de pont over. De klep die omhoogging. De boot die zich losmaakte. In plaats van een gevoel van avontuur – *De Kameleon vaart uit*, *Ketelbinkie*, *De Scheepsjongens van Bontekoe* – knoopte de heimwee zich in mijn maag. Het liefst wilde ik terug naar huis, naar de veilige omkadering van het stukje Pijp waar ik woonde. Ook omdat mijn oom een doodenge witte boxer had die King heette, naar de pepermunt. Bloeddoorlopen ogen en rode, uithangende kaakflappen had hij. En de hond kwijlde. 'Slijmerd,' zei mijn oom, ook tegen de hond.

Op camping De Molshoop in Hilversum hadden wij altijd een tent. Van zo'n mooi vakantiehuisje onder de bomen droomde mijn vader niet, wel van een eigen boot. De marinier in hem was nooit ontscheept. In Vinkeveen liet hij zijn verlangende blikken langs de kleine motorvletjes op de plassen glijden, streken in de jachthaven zijn handen liefkozend langs het staal van een scheepshuid en zag hij zich al achter zo'n houten stuurwiel staan. Vooralsnog zat er voor hem echter niet meer in dan een roeibootje huren bij Bon. Tijdens de eerste weken van hun verkering was mijn moeder, tot over haar oren verliefd, tijdens een visuitstapje een keertje met hem mee geweest. Dat betekende overigens bijna het einde van hun relatie. 'Er stond water op de bodem van het bootje. We hadden onze schoenen uit. Maar tijdens het roeien zag ik daarin de haren op zijn grote tenen heen en weer bewegen.' Ze vond het een onaangenaam gezicht.

De stad uit, net over de Utrechtsebrug rechts, in de inham van de Amstel die door de exploitant 'jachthaven' werd genoemd, lag de boot van zijn dromen. Een advertentie in het *Wierings Weekblad* had hem daarop gewezen. Ik was twaalf en ik mocht mee om te gaan kijken. Misschien wel omdat mijn vader de beslissing niet alleen durfde te nemen.

Het vroege voorjaar. Een groene waas zat in de ontluikende bomen. Het was een fietstochtje van niets. Ferdinand Bol – Ceintuurbaan – Rijnstraat – Utrechtsebrug.

De jachthaven rook zoals jachthavens behoren te ruiken. Een mengeling van teer, vochtig touw, benzinedamp en het warme hout van aanlegsteigers. Aan het eind lag een negen meter lange groentevlet waarop in het Westland ooit bloemkolen, andijvie en spruiten waren vervoerd. Een nieuwe eigenaar had er een buitenboordmotor achter gehangen, een opbouw op getimmerd, deze wit en blauw geschilderd en daar een teakhouten bordje aan geschroefd: VICTORY. Ik vond het een lelijk ding. Maar mijn vader straalde. Hij zag zich al zijn hengels uitwerpen in Vinkeveen, vaartochtjes maken over rivieren en aanleggen op beschutte plekken.

Nog steeds bezoek ik geen feesten of wijnproeverijen op een boot. Als zo'n ding eenmaal vaart, is er geen ontsnappen meer mogelijk. Later viel mij een boot in de schoot. Toen wij eind jaren negentig een buitenhuis in Loosdrecht kochten was een zeilboot bij de koop inbegrepen. Een fraai, nerveus gesneden model gemaakt door een werf van faam, zo wisten de kenners. Mij werkte het getik van de touwen (die ongetwijfeld in zeiljargon anders heten) tegen de mast vooral op de zenuwen. Het eindeloze hozen moe heb ik het ding uiteindelijk met iemand geruild tegen een mooie fles wijn.

Van een doopplechtigheid werd afgezien. Mijn vader meende dat het gek was om dat met een flesje Heineken te doen. En mijn moeder vond het zonde van haar Coebergh Bessen. Hij had al zijn vrije tijd besteed aan krabben, schuren en schilderen, zodat de boot nu donkergroen en crème was. Mijn moeder had boerenbonte gordijntjes genaaid. Het vervangen van het bordje VICTORY door HET POFFERTJE werd wel officieel genoeg gevonden. Lang heb ik gedacht dat het bootje zo genoemd was omdat de buitenboordmotor – als-ie het deed tenminste – zo'n gezellig pruttelend geluid maakte. Maar het varende theemeubel dankte zijn naam aan het gegeven dat-ie op de pof was gekocht. Vijfendertighonderd gulden, af te betalen in tweeënzeventig termijnen. IJverig zag ik mijn vader maand na maand een acceptgirokaart invullen. 'Even mijn watergeld betalen,' zei hij dan.

Mijn vader bleek een zoetwatermarinier. Het aan de praat houden van de buitenboordmotor van een Westlandse groentevlet in de Nederlandse wateren bleek een grote uitdaging. Het ding haperde of sloeg af tijdens het doorkruisen van het Amsterdam-Rijnkanaal, waar de golven hoog waren en de rijnaken groot. Sluizen werden door de voltallige bemanning – bestaande uit mijn moeder, mijn broer en ik – met angst en beven tegemoetgezien. Mijn vader moest manoeuvreren, tegelijkertijd diende hij de aanmeerplek in het oog te houden en mijn broer en mij commando's toe te schreeuwen – met overslaande stem – om stootkussentjes te pakken en touwen uit te rollen. Regelmatig klonk er 'Janny hou af, Janny hou af!' tegen mijn moeder, die met een pikhaak op de voorplecht stond. Waarna er net zo regelmatig een buts in de groene verf ontstond, gevolgd door een deuk in zijn zelfvertrouwen. Na een steeplechase langs bruggen ('Janny hou af, Janny hou af!'), bolders en binnenvaartschepen belandden we uiteindelijk in Vinkeveen.

Wekenlang brachten wij daar door in de trekgaten om te zwemmen, te vissen en 'van de rust te genieten'. Aldus mijn vader. Mijn moeder maakte het niet uit waar ze zat. Die las een boek en bevond zich in haar eigen wereld. Overdag verveelden mijn broer en ik ons. We waren op elkaar aangewezen. Zwemmen kon alleen als vader niet meer viste. Een vuurtje stoken mocht niet. En de muggen staken wel. Er was geen tv. Af en toe speelden we mens-erger-je-niet, waarvan de pionnen omvielen door de deining van een voorbijkomende boot. We gingen vroeg onder zeil, om maar een beetje in het jargon te blijven. Mijn vader en moeder in een bed dat zich voor in de boot ontvouwde door twee banken uit te klappen. Mijn broer nog net klein genoeg om in een bed te passen dat in de roef achter de stuurhut was gemaakt. Ik was jaloers op 'm. Voor mij was er een luchtbed in het gangpad. Wie 's nachts naar het chemisch toilet moest, moest over mij heen stappen. Dat lukte niet altijd, waardoor ik letterlijk en figuurlijk opveerde. Mijn zusje mocht van geluk spreken, want die was toen nog niet geboren. Mijn broer en ik verlangden naar een gestaag lekkende tent in Hilversum.

Zoals zo vaak bij boten verdorde in de loop der jaren ook de animo van mijn vader voor de zijne. Het Poffertje kwam in Vinkeveen eenzaam aan een stukje grasland naast een betonnen viaduct tegen de kaai te klotsen. Mijn moeder wilde niet meer mee. Die kon ook thuis een boek lezen. Toen ik net een brommer had, ben ik er nog eens met mijn vriendje Robbie naartoe gereden. Spinnenwebben hadden de ramen omfloerst. Het tentdoek aan beide kanten van de stuurhut was beschimmeld. Binnen was het klam. En van de joint die we er rookten werd het niet veel behaaglijker. We vroegen ons af wat we er in vredesnaam deden. Een vraag die ons niet veel later ook werd gesteld door de twee agenten van de gemeentepolitie.

Uiteindelijk kwam Het Poffertje aan het eind van de Ruysdaelkade te liggen. Daar viel het al snel ten prooi aan regenbuien en zwervers. Tussentijds was de buitenboordmotor verdwenen. Een flinke slagzij had zich er inmiddels meester van gemaakt. De opbrengst van de verkoop voldeed precies om in één keer de laatste vijf maandelijkse betalingen te voldoen.

Ik besluit naar de Bosbaan te fietsen en de route te nemen die mijn vader ook zo vaak had genomen. Eerst stapte hij, net over de kruising van de Frans Halsstraat, bij de sigarenwinkel in de Jacob van Campen binnen. Daar liep ik vroeger op zaterdagochtend naartoe om op de lijst te kijken waarop met rode inkt gestempeld stond welke voetbalvelden er waren afgekeurd als het een paar dagen had geregend. FIT. 3E VELD. AFGEKEURD TOT 12.00 UUR. Pech. We speelden om tien uur. Mijn vader haalde er standaard een rolletje Adem-in.

Nu is op nummer 34 Jacob's Juice, een sapbar die een gezonde lifestyle aanbiedt met behulp van uitgeperste boerenkool, selderie en wortels. In alles het tegenovergestelde van uitgedrukte zware Van Nelle, gematteerde bolknakken van Hofnar en filterloze Caballero. Soms hield mijn vader even stil bij Stenelux, de winkel in mineralen en fossielen, op de hoek met de Ruysdaelkade. Daar wierp hij een blik in de etalage, waarin jarenlang het fossiel van een uitgestorven vissoort was te bewonderen. Dat sprak hem aan. Maar het prijskaartje weerhield hem ervan om het thuis op het dressoir te zetten. Stenelux bestaat nog altijd en volgens mij ligt die vis er ook nog steeds.

Vervolgens had mijn vader twee keuzes: de brug over en links via de Hobbemakade richting de Stadionweg. Of aan de kant van De Pijp blijven waar het Ruysdaelkade heet. In ieder geval viel daar meer te zien. De garage van Heineken waar tot 1993 nog de paarden stonden die de bierkarren moesten voorttrekken. Bij het krieken van de dag hoorde hij ze snuiven. Soms waren de verzorgers al in de weer en stonden de deuren open. Een warme damp van paardenlijven, stro en leer waaide de kade op. Een geur die zo ver afstond van de stad. Van de drank naar de meisjes van plezier, op het stuk net over de stille Albert Cuyp, was een kwestie van een paar pedaalslagen. Al lagen die rond het tijdstip dat mijn vader langsfietste waarschijnlijk nog alleen in bed.

Voordat de Ruysdaelkade overgaat in de Jozef Israëlskade rechtsaf. In de ochtendschemer de statig-saaie Stadionweg over, links voor het Olympisch Stadion langs, de Amstelveenseweg op om bij de hoofdingang het Amsterdamse Bos in te fietsen. Meestal koos hij het fietspad aan de rechterkant om pal over de witte houten ophaalbrug een plek te zoeken in een zijwater dat bekendstaat als De Banaan. En niet omdat het water er geel is.

Er staat een man in de rietkraag te plassen als ik er nu mijn fiets bij een bankje neerzet. Hij maakt deel uit van een groep vissers die verspreid langs de oever hun hengels heeft uitgegooid. Ze zien eruit alsof ze in de jungle op een geheime militaire missie zijn. Camouflagepakken, Timberland-achtige schoenen en foedralen waarin net zo makkelijk een mortier zou kunnen zitten. Ten strijde tegen de karper, de brasem en de rietvoorn!

Ik mijmer of ik mijn vader toch niet aan de Stadhouderskade zal toevertrouwen, waar hij meestal in het gras zat naast 'De Gevallen Hoornblazer'. Ik vraag me af of het eigenlijk wel mag. Op de website van de gemeente Amsterdam lees ik dat 'het verstrooien van as' is toegestaan. Wel valt me het op dat er nergens staat om wat voor soort as het gaat. De ambtenaar van dienst zal toch niet hebben nagelaten te vermelden dat de paar regels die er zijn – 'niet vanaf een viaduct, langs een (snel)weg, een fietspad, bij terrassen of een druk park' – alleen gelden voor de resten van een open haard of barbecue? Toch twijfel ik. Om 'm zo vlak bij het monument uit te strooien is misschien ook wat al te pretentieus. En is het plantsoen eigenlijk ook niet te druk volgens de regelgeving? Er beweegt een constante stroom toeristen van en naar de Heineken Experience, honderd meter daarvandaan. Na de rondleiding liggen er vaak groepen toeristen in het gras.

Aan het eind van De Banaan, dieper het bos in, ligt een lange aanlegsteiger die als een beschuldigende vinger het water in wijst. Mijn vaders hart maakte een sprongetje als hij bij het krieken van de ochtend aankwam en deze nog onbezet trof. Dat is nu ook het geval.

Ik herken de plek. Ik sta in het gras waar hij een klein oranje tentje opzette als ik meeging. Aan schutkleuren deed hij niet. Was ik het vissen beu – gewoonlijk al snel – dan ging ik daar de *Pep* lezen. De avonturen van Roodbaard de Piraat boeiden mij meer dan die van de man met de baard die op de uiterste punt van de steiger naar het verklikkertje aan zijn vislijn tuurde. Vaak viel ik in slaap, een combinatie van om vier uur opstaan en niks vangen.

Ik herken de geur nu weer. Van de dauw in het gras. Als ik mijn best doe meen ik ook nog het door de vroege zon opgewarmde tentdoek te kunnen ruiken. De mest van de ganzen die op de steiger bivakkeerden en zich luid sissend lieten wegjagen.

Zachtjes loop ik over de steiger van mijn vader – 'karpers voelen de kleinste beweging, jongen' –, de bomen buigen zich als een arcade over de steiger. In de kalmte van het water zie ik het trotse gebaar waarmee hij mij liet zien wat er in zijn leefnet zat.

Ik voel de trilling van een plek waar mijn vader zich thuis voelde.

24

De Pijp uit

Bij de Esso-benzinepomp bij ons voor de deur stond een bakfiets in plaats van een auto.

Het is zomer 1969, ik ben dertien en de dag van onze verhuizing is een feit. Met de vervulling van de grootste wens van mijn vader, de geboorte van een dochter, is het huis te klein geworden. Twee jongens in een piepklein tussenkamertje pasten nog wel. 'Maar die meid moet op een gegeven moment toch wel een eigen plek hebben,' zo wist mijn vader.

Misschien had-ie die wijsheid in een *Ouders van Nu* opgedaan in de wachtkamer van onze huisarts, dokter Heilbron. Mijn vader noemde hem dokter Sieg Heilbron. Hij had een Duits accent.

Ik kan me zijn ijskoude spreekkamer in de Eerste Jan Steenstraat herinneren, en zijn nog koudere stethoscoop. Als mijn moeder met me meeging als ik weer eens een hoestje had, zat ze naast zijn bureau terwijl hij mij beluisterde. Rechtop op een stoel. Haar gezicht sprak boekdelen. Doktersbezoek vond mijn moeder onzin. Misschien kwam het wel door haar volstrekte afkeer van welke vorm van autoriteit dan ook. En dokter Heilbron droeg een witte jas.

Het zal wel weer iets met de Duitsers te maken hebben gehad. Voor die generatie altijd een goed excuus. De Jappen ex aequo. Hoe dan ook, de politie vond ze 'walgelijk'. Zo ook conducteurs, portiers en beveiligers. Het enige uniform waarvan ze ooit onder de indruk raakte, was een mariniersuniform, omdat mijn vader dat droeg toen hij haar ontmoette. Ze werd smoorverliefd op hem.

De week voordat we De Pijp uit gingen, was ik met mijn vriend Robbie door de buurt gaan slenteren, bij wijze van afscheid. Tegenover de brandweerkazerne, op de hoek van de Hobbemakade en de Honthorststraat, was ik op de kademuur gaan zitten. Daar had ik voor het eerst een condoom in het water zien drijven. Gniffelend had mijn vriend Robbie 'm uit het water gevist en uitgelegd wat de bedoeling ervan was. Ik kon het me niet voorstellen toen ik naar het lubberende, grachtenwater druppelende rubber keek dat aan het uiteinde van de tak bungelde. Ik schaamde me als ik per ongeluk mijn vader weleens bloot zag als hij in het Bosplan onhandig zijn zwembroek aandeed. En dan zo'n ding daaromheen? En dan met mijn moeder in het bed in de kamer waar ik pal naast lag?

Wat verderop was ik langs de muur om het terrein van de gemeenteopslag gaan lopen op de hoek van de Ruysdael- en Stadhouderskade. Van het begin tot het einde met mijn hand de bakstenen strelend. Het plastic soldaatje dat ik ooit had verstopt op een plek waar een stuk steen miste, lag nog steeds in zijn hinderlaag. Misschien nóg wel.

Op het Ferdinand Bolplein wipten we de telefooncel in die altijd vaag naar pies rook. Daar had ik als tienjarige, opgejut door een paar vriendjes die mij het benodigde dubbeltje hadden gegeven, eens mevrouw Tietjen gebeld. Toen zij opnam en haar naam zei, antwoordde ik dat ze met het andere tietje sprak. 'Wilt u misschien samen met mij een bh'tje kopen?'

Proestend van de lach waren wij de telefooncel uit gevlucht alsof ze daar ieder moment kon binnenstappen om ons met de mattenklopper te lijf te gaan. Of met haar bh. Terwijl ze volgens de telefoongids helemaal in de Stadionbuurt woonde, een wijk die zijn naam overigens niet te danken heeft aan het Olympisch Stadion van Jan Wils maar aan het Nationale Stadion van architect Harry Elte. Na de Olympische Spelen van 1928 werd dit stadion afgebroken om er woningen te kunnen neerzetten, de huidige Argonauten- en Jasonstraat. Op het nabijgelegen Hygiëaplein zou ik van mijn dertiende tot mijn negentiende wonen.

Het is hoefijzervormig en kent zijn evenbeeld aan de overkant van de Marathonweg. Aan iedere lange kant van beide pleinen waren scholen gevestigd. Op de Geert Groote, tegenover ons nieuwe huis, zou mijn kleine zusje later naar de kleuterschool gaan. Bij het verlaten van de klas hield de juf altijd haar gezicht vast om haar vervolgens strak aan te kijken en gedag te zeggen. Volgens de antroposofische beginselen scheen dat te moeten. Ik zie juf Ank voor me uit *De Luizenmoeder*. Hoe klein ook, mijn zusje was daar totaal niet van gediend en rukte zich iedere keer los. Autoriteitsprobleem. Kind van haar moeder.

Voor we gingen verhuizen was ik al een paar keer op verkenningstocht geweest. Ik was om het Olympisch Stadion heen gelopen, dat er stil en enigszins verwaarloosd bij lag. Met mijn vader had ik daar nog Ajax-Liverpool gezien, de beroemde mistwedstrijd die in 1966 werd gespeeld. Maar ik was heel anders naar het stadion gaan kijken, omdat Gert en Hermien er drie jaar later hadden opgetreden. Ik kon het gewoon niet begrijpen. Een stadion was bedoeld om Johan Cruijff en Sjaak Swart te zien, en niet Gert en Hermien. Teruglopend kwam ik langs hoge huizen met steile stoepen en aangeharkte voortuintjes in brede straten. Ik dwaalde over de Olympiaweg, de Marathonweg, de Stadionweg, de Amstelveenseweg. Ook het leven leek er weg.

De opwinding in mijn nieuwe buurt werd veroorzaakt door de Willem de Zwijgerkerk die het zwijgen verbrak om zijn kerkklok de halve en hele uren te laten aankondigen.

Halfelf.

Dan werd het over dertig minuten elf uur.

De buurt wachtte in spanning af.

We kwamen op nummer 11 driehoog te wonen. Ik heb mij er altijd over verbaasd dat mijn ouders die woning hebben gekozen. Voor mijn vader was drie trappen op met één long iedere keer weer een uitdaging. Voor het eerst werden we ook boven- in plaats van benedenburen. We kregen een douche. En een telefoon.

Onder ons woonde de familie Tuinman. De vader was er nooit. Die zat op de grote vaart. Ik had het idee dat mijn vader een beetje jaloers op hem was: hij wel. Waarschijnlijk vond meneer Tuinman het wel prettig dat hij lang van huis was: zijn vrouw had wat uiterlijk betrof veel weg van tante Sidonia uit de strips van Suske en Wiske. Toch had deze gelijkenis de geboorte van een zoon niet in de weg gestaan. Hans, een paar jaar ouder dan ik, was een gevalletje nomen est omen: die was tuinman. Mijn moeder gruwde van de aanblik van zijn gitzwarte nagels; hij deed geen enkele moeite om die schoon te maken. De volgende dag zouden ze toch weer vies worden. Ik bewonderde juist zijn gave om met diezelfde handen mooie, kleine, glimmende, zwarte drolletjes uit het darmkanaal van zijn cavia Dribbel te drukken terwijl die op zijn rug op schoot lag.

Op eenhoog woonden Jan Piet en zijn vrouw. Een keurig, klein mannetje. Immer geurend naar aftershave, de haren netjes gekamd, goudkleurig montuur, pak en das, korte regenjas. Boekhouder. Ook thuis beheerde hij het geld. Omdat hij gas te duur vond moest zijn vrouw, die zich altijd schuilhield achter een blauw schort, op een petroleumstelletje koken. Overigens had meneer Piet aan vast voedsel sowieso geen behoefte: hij was een drinker. Als hij op vrijdagavond zich in kennelijke staat door een taxi liet thuisbrengen, nam hij wel altijd een enorm boeket bloemen mee. Alleen niet voor haar, maar voor mijn moeder die hij altijd met graagte de trap op zag gaan. We woonden er nog geen twee jaar toen hij kwam te overlijden aan keelkanker. Ook na zijn dood bleef ik de petroleumgeur op de trap ruiken.

Ik kom nu nog weleens op het Hygiëaplein als ik met mijn vrouw meega. Op de hoek zit een slager waar zij graag komt.

'Zikking durft zijn vlees tenminste lang af te laten hangen,' zo weet zij.

Destijds was er trouwens ook al een slager gevestigd, maar die heette toen anders. Het was er eentje wiens claim to fame niet verder reikte dan dat het een 'keurslager' was. Op een roestvrijstalen plateau lag, geflankeerd door een erehaag van knalgroene plastic slablaadjes, de filet americain die mijn vader zo lekker vond.

Ertegenover zat een bakkerij van Bartels. En dat was het dan. Geen doorgaand verkeer. Geen beweging. Rododendrons. Een rozenperk. Drie banken waar nooit iemand op zat. Een stilte die twee keer per uur verbroken werd door een kerkklok.

Op de dag van de verhuizing stopten mijn vader en ik op de Jacob van Campenstraat de laatste bewijzen van onze aanwezigheid in dozen die ik op de Albert Cuyp had gehaald. Dekens. Lakens. Kussens. In een kier in de tussenkamer vond ik nog een knikker die ik in mijn zak stak, al knikkerde ik al lang niet meer. Voor de laatste keer controleerden we of we echt niets op zolder hadden vergeten. Maar naar wat er stond was sowieso al jaren niet omgekeken. Het gedroogde trouwboeketje van mijn moeder hing er nog. Toen mijn vader het eraf haalde, verkruimelde het tussen zijn vingers.

Een laatste 'rondgang' door het huis, van hooguit vijfenvijftig vierkante meter. In de keukenkast rafelde het kastpapier dat met punaises zat vastgeprikt. Een mok met een oor eraf, een eenzame wachter. Vanuit het keukenraam had ik uitzicht op het afgerasterde platje van de familie Vreeswijk, waarvandaan hun rottweilers mij aanstaarden. Even dacht ik een beteuterde blik in hun ogen te ontwaren, omdat er niet meer naar onze kat geblaft kon worden. Die liep al dagen klagelijk miauwend in zijn nieuwe biotoop rond. Misschien omdat hij het op driehoog moest stellen met een keurig balkonnetje in plaats van met een verwilderde binnentuin die een heel blok besloeg.

Mijn vader en ik keken elkaar aan door het gapende gat in de muur tussen de woon- en tussenkamer waar zijn tropische aquarium had gestaan. De afgelopen dagen was hij vele keren op en neer gefietst naar het Hygiëaplein met plastic zakjes water waarin hij de vissen had verhuisd.

Hij was gespannen. Verandering was niks voor hem. Nooit geweest. Heimwee heb ik niet van een vreemde. Ik vroeg me weleens af hoe hij ooit voor de marine had kunnen kiezen.

Hij vond nog een nippeltje van het pompje dat voor extra zuurstof in het water zorgt en mompelde wat. Hun slaapkamer was leeg. De plek op de muur verkleurd waar het hoofdeinde van hun bed tegenaan had gestaan. In de woonkamer had een deel van het behang losgelaten, het hing erbij als een olifantenoor. Ik gaf nog een flinke ruk aan het papier.

Ik wist wat ik wilde. Op het Hygiëaplein, in mijn eerste eigen kamer, pal onder het dak, stond mijn schrijfmachine. In afwachting van het pak hagelwit papier ernaast.

Maar eerst moest ik met mijn vader in mijn geboortehuis nog naar de deur lopen. Door de lange gang waar mijn moeder op de vroege ochtend van 9 augustus 1956 op haar knieen had liggen dweilen, verrast door vruchtwater waarvan ze het bestaan niet kende.

25

Retour afzender

Ik ben de hele wereld over gevlogen, maar ik ben geen reiziger. Tijdens het inpakken van mijn koffer vouwt de melancholie zich al tussen de polo's, overhemden en broeken. Vliegvelden bezorgen mij een licht gevoel van misselijkheid. De nervositeit, de gejaagdheid, de energie, opgewekt door mensen met verschillende tijdszones in hun handbagage. Voor mijn werk als reclamemaker heb ik alle continenten bezocht. En ook later, als wijnschrijver, regen de airmiles zich aaneen. Maar de heimwee huisde altijd onder mijn huid.

Jaloers ben ik op mijn kinderen. Ze zijn inmiddels dertig en zevenentwintig. Jaloers ben ik op het gemak waarmee ze inchecken, richting de gate lopen met hun rolkoffer, het vanzelfsprekende, het alledaagse. Op het belletje dat ze nog met mij plegen voordat ze aan boord gaan. 'Hi, ik vertrek zo naar Warschau, Dubai, Hongkong, San Francisco.' Op het appje dat ze op mijn verzoek sturen om te laten weten dat ze geland zijn. Op hun studietijd die ze in New York, Cambridge, Uppsala en Barcelona doorbrachten.

Alleen.

Ik denk aan mijn hysterische huilbui, het snot uit mijn neus, het enorme verdriet toen ik als zesjarige voor het eerst alleen ging logeren bij mijn lievelingsneef in Osdorp, de zoon van de oudere zuster van mijn moeder, tante Beppie. Toen duidelijk was dat het niet ging, kwam mijn vader me halen en nam me mee achter op de fiets. Ik hield hem steviger vast dan ooit tevoren, al voelde ik de afstandelijkheid door zijn winterjas heen. Stug en stil trapte hij de teleurstelling van zich af omdat zijn zoon zich zo had laten kennen.

Ik ben gestopt voor mijn oude huis, Eerste Jacob van Campenstraat 52. De laatste keer dat ik er daadwerkelijk voor de deur had gestaan, was alweer jaren geleden op verzoek van *Het Parool*, de krant waarin ik wekelijks over wijn publiceer. Het was voor 'De Wooncarrière van', een rubriek waarvoor in woord en beeld verslag werd gedaan op welke adressen in Amsterdam de geïnterviewde had gewoond. Terwijl ik poseerde voor de fotograaf die mij voor mijn geboortehuis wilde vastleggen, ging de deur van nummer 54 open. Het was de bewoner van de eerste verdieping, die nieuwsgierig kwam informeren naar 'wat er zoal aan de hand was'. Nooit had ik meer aan haar gedacht, maar plotseling schoot me te binnen wie deze vrouw, destijds mijn buurvrouw, was: mevrouw Kous. Een kleine, verzorgde, oudere dame. Ik herinner me nog dat er geen man was. Er waren geen kinderen. Er was zelfs geen hondje. Er was wel altijd een hoofddoekje dat haar grijs kleurig kroonde.

Als vierjarige bekeek ik haar vanaf mijn vaste plek, achter de rok van mijn moeder.

'Zeg je even dag tegen mevrouw Kous?'

'Dag mevrouw Kous.'

'Dag Haroldje Dwarreltje.'

De huidige bewoner van nummer 54, een man van mijn leeftijd, vertelde mij dat Carice van Houten op 52 eenhoog woonde.

'En ze heeft ook de helft van de garage erbij getrokken.'

Ik hoorde enige trots in zijn stem toen hij erover sprak. Hij fluisterde het bijna, alsof hij bang was dat zij het misschien zou horen. Een filmster als buurvrouw.

Niet veel later werd Carice van Houten ontvangen in *Zomergasten* en constateerde ik dat ze een Oostenrijkse grüner veltliner dronk. Bovendien zag ik een aanleiding om haar een briefje te schrijven met het verzoek om eens binnen te mogen kijken in mijn geboortehuis. Terwijl we een glas dronken uit de door mij meegenomen fles wijn – ik wist immers wat ze lekker vond – kon ze me laten zien wat er van onze keuken was geworden, hoe de kastanjeboom in de binnentuin ervoor stond en of mijn tussenkamertje er nog was.

Op mijn beurt zou ik haar vertellen over de kolenzolder, de Surinaamse buren op tweehoog en haar begane grond, waar destijds Garage Van Leeuwen was gevestigd. Misschien zou ik haar ook nog vragen of ze op de hoogte was van het gezin Polak, Simon, Lea en Paul, dat er voor ons gewoond had – op 2 juli 1943 in Sobibor vergast. Maar misschien moet je het daar niet over hebben bij een rondleiding door een droomhuis.

Ik heb die brief nooit gestuurd. Toch heb ik uiteindelijk wel kunnen binnenkijken. In 2017 stond de Jacob van Campenstraat 52 eenhoog op Funda te koop. Op het scherm van mijn laptop zag ik dat mijn tussenkamertje verdwenen was. De noeste kastanje in de binnentuin was een kitscherig kunstboompje met roze en witte bloesem geworden dat bij haar binnen stond, tegenover een piano. Het platte dak voor onze keuken – inmiddels een badkamer – was uitgebouwd tot een fiks terras met loungebanken. Google Earth stelde mij in staat om in te zoomen op de stoep voor het huis en ik besefte dat ik iets miste: het gezin Polak had geen struikelsteentjes gekregen.

In 2012 besloten we ons huis in de Van Breestraat te verkopen. Mijn vrouw 'wilde weleens wat anders'. Ik ben blij dat ze niet aan een jongere man dacht. Aldus werd er via Funda en via makelaars binnengekeken, wandelden we door de stad en streepten we af waar we beslist niet naartoe wilden. Maar De Pijp kwam steeds weer bovendrijven.

Toch was er ook een aarzeling. Romantiseerde ik de buurt niet te veel, omdat mijn hele familie daarvandaan kwam en er was opgegroeid? Omdat mijn opa's en oma's er hun kinderen hadden gekregen? Omdat mijn tantes en ooms er hadden gewoond? Omdat mijn neven en nichten er op straat hadden gespeeld? Omdat ik er mijn jeugd had doorgebracht? Zou het mij wel bevallen? En zou mijn vrouw – grachtengordelmeisje – er kunnen aarden?

Onze oude glazenwasser geloofde het niet toen we hem vroegen om ook weer op ons nieuwe adres in De Pijp te komen lappen: Ruysdaelkade 175. Op dat nummer had hij voor de oorlog met zijn vader, moeder, drie broers en twee zussen op driehoog gewoond. De begane grond die deel uitmaakte van ons appartement, bestond destijds uit twee peeskamertjes. Voor de dames van dienst deed hij boodschappen.

'Als de gordijntjes dicht waren, mocht ik niet aankloppen.'

Hij mocht ze tante noemen. Tante Trees en tante Nellie.

'Met zulke tantes hoefde je niet naar de hoeren,' knipoogde hij. En niet gehinderd door zijn vijfenzeventig jaar klom hij zijn ladder op en begon onze ramen te lappen, waarachter vroeger rood licht had geschenen.

Tijdens mijn jeugd was dit gedeelte van de Ruysdaelkade waar ik ben gaan wonen terra incognita. De angst voor het onbekende fluisterde mij toe dat wie uit de Eerste Jacob van Campenstraat kwam aan de andere kant van de Cuyp niets te zoeken had. Ik hoorde niet thuis in de Govert Flinckstraat, de Eerste Jan Steen, de Eerste Jan van der Heijden en de Ceintuurbaan, de straten die daarop uitkwamen. Ik verbeeldde me dat ik er werd bekeken door vreemde ogen, vanachter gordijnen en via spionnetjes. Een stil alarm waarschuwde voor de indringer. En jongens groter dan ik – in ieder geval heldhaftiger – verzamelden zich achter deuren die plotseling zouden openzwaaien.

Ik koesterde de geborgenheid van mijn eigen buurt, het deel dat aan de noordkant ommuurd werd door de straffe panden aan de Stadhouderskade, en aan de zuidkant door het gedeelte van de Albert Cuypstraat waar de markt zijn meerdere heeft moeten erkennen in de stilte.

Slechts af en toe stak ik de Ferdinand Bol over die de oostelijke begrenzing vormde. Aangetrokken door het schouwspel dat zich in de Heineken afspeelde, waar een groot raam uitzicht bood op de buik van de toen nog actieve brouwerij. Daar zag ik jaar in, jaar uit hoe op een lopende band de flesjes werden gevuld om met twee dozijn tegelijk in een krat te worden gezet. Mannen in blauwe overalls leidden het geheel in goede banen. Mijn oom Sjors werkte er, maar ik heb hem er in al die jaren nooit gezien. Hij schijnt de vader van Willem Holleeder nog te hebben gekend, die chauffeur was voor Freddy Heineken.

Liever bleef ik aan mijn kant van de Ruysdaelkade, omdat de andere kant mij verwarde. Hobbemakade heette het daar plots. Waar het door mij gehate Zuiderbad lag.

Daar ook lag een volstrekt andere buurt, huisde ander leven. In De Pijp woonden veertigduizend mensen bij elkaar in een buurt die vijf keer zo dichtbevolkt was als de gemiddelde buurt in Amsterdam. Op elkaar gestapeld in tweekamerwoninkjes waarvan het oppervlak de helft bedroeg van de eisen bij nieuwbouw in de jaren zestig. Op nog geen honderd meter afstand daarvan, in de Pieter de Hooch- en de Honthorststraat, stolde het leven. Strenge stenen. Deftige, wat plompe huizen die aanleunden tegen het Museumplein. Eén deur. Eén naambordje. Geen verkeer. Het geruis van de bomen droeg bij aan de stilte op straat.

Onlangs nog zag ik *Namens de kinderen van De Pijp*, een korte VPRO-documentaire uit 1972 van Roeland Kerbosch. 'Er wonen veel kinderen in deze buurt, waar weinig rekening mee wordt gehouden,' klonk zijn stem en hij deed verslag van de vele auto's die het spelen onmogelijk maken. Actiegroepen eisten dat deze zouden verdwijnen. Groen moest ervoor in de plaats komen. Er diende ruimte te komen om te spelen.

We hoefden in mijn jeugd alleen maar de Brandweerbrug over, die mijn straat over het water van de Boerenwetering tilde en de Ruysdael- en Hobbemakade met elkaar verbond. Toch wist ik nooit hoe snel ik terug moest komen als ik weleens de oversteek had gewaagd. Benauwd door de onwezenlijke rust. Door het ontbreken van mensen op straat. Door de gesloten luiken. De nieuwsgierigheid al snel verdrongen door argwaan, de mieren in mijn maag, de kleine rouw, de heimwee.

De opluchting als ik de brug weer zag.

Ik haastte mij erover om zo snel mogelijk weer één te worden met de eenvormigheid die Frans Erens De Pijp in 1892, niet lang na de bouw, toedichtte:

> De straten recht, eentonig recht, de straten met de roze
> brikken.
> De huizen alle even hoog, de straten strak, geen boog.
> De ramen en vensters alle egaal achter elkaar horizontaal,
> in het verschiet korter bij elkander schijnend.

Beschut. Onzichtbaar. Thuis.

Nu loop ik weer door de Quellijnstraat, waar ik mij vroeger al zo op mijn gemak voelde omdat ik vanuit onze woonkamer op de achterkant uitkeek en kon zwaaien naar mijn tante Jo die er de was buiten hing.

Bij de Daniël Stalpertstraat sta ik stil bij nummer 61 waar ik op tweehoog bij mijn vriend Gerrie de *Sjors en Sjimmie* ging lezen. Op de begane grond zit nu een drukbezocht restaurant, The Avocado Show.

In de Saenredamstraat hebben de parkeerplekken plaatsgemaakt voor stadstuinen. De hele wijk is een plantenbak nu sinds kort de parkeergarage onder de Ruysdaelkade in gebruik is genomen. Zevenenveertig jaar na dato heeft de documentaire van Roeland Kerbosch uiteindelijk effect gesorteerd.

Vanuit de Frans Halsstraat loop ik de Gerard Doustraat in die zich daar met een lichte knik aan de eenvormigheid probeert te onttrekken.

Ik ben weer terug, maar ben ik eigenlijk ooit weggeweest?